Hildegund Fischle-Carl / Marina Fischle-Lokstein

Selbstbewußt
und
lebensfroh

W0070872

Hildegund Fischle-Carl / Marina Fischle-Lokstein

Selbstbewußt und lebensfroh

Psychologie für einen leichteren Alltag

Herder

Freiburg · Basel · Wien

Umschlaggestaltung: Hermann Bausch

Umschlagmotiv:
Theo van Rysselberghe, *An den Felsen von Per-Kiridec*
(Ausschnitt)

Alle Rechte vorbehalten – Printed in Germany
© Verlag Herder Freiburg im Breisgau 1994
Satz: Barbara Herrmann, Freiburg
Belichtung: Johannes Schimann, Ingolstadt
Druck und Bindung: Freiburger Graphische Betriebe 1994
Gedruckt auf umweltfreundlichem, chlorfrei gebleichtem Papier
ISBN 3-451-23123-9

Inhalt

Lieben
und
Loslassen

Alle Liebe will Nähe. Beim Liebenden besteht eine große Sehnsucht, dem geliebten Wesen leiblich und seelisch nahezusein. Dieses intensive Verlangen ergreift den ganzen Menschen. Sofern Liebe nur im Fernsein, über großen Abstand und zeitlich eingegrenzt gedeiht und das Nahesein und Miteinandersein enttäuscht, handelt es sich vorwiegend um Projektionen. Verliebtsein ist das Schwelgen in Projektionen. Es wird darum sehr genüßlich erlebt, weil die eigenen Wunschbilder in den anderen hineingedichtet und auf ihn geworfen werden. In der Begegnung mit dem anderen wird dann das gesucht, was aus dem eigenen Innern stammt, Wunschbilder der suchenden Seele, die mit der Wirklichkeit höchst selten übereinstimmen. Unsere unbewußten Phantasien sind auf der Suche nach Projektionsträgern, d. h. Menschen, die dazu geeignet sind, sich mit meinen Projektionsbildern besetzen zu lassen. Unsere Sehnsucht nach Wunscherfüllung verdeckt uns die Wirklichkeit des anderen Menschen. Er wird dann nicht als das erkannt, was er tatsächlich ist und lebt, sondern eben nur als das, was unsere Verliebtheit ermöglicht und als Aufhänger für Projektionen dient. Man sagt darum, Verliebtheit macht blind. Liebe aber macht sehend.

Es ist für uns alle schwer zu formulieren, was wir unter Liebe verstehen. Viele bringen bei der Frage „Was ist Liebe ..." ihre persönlichen Wünsche zum Ausdruck: Suche nach Verstandenwerden und Übereinstimmung, nach Geborgenheit im anderen, Überwindung des Alleinseins und der Isolierung durch Erlösung in der Zweisamkeit oder Ergänzung im Du. Diese wird oft als die totale Hingabe an den anderen verstanden. In den meisten Aussagen ist enthalten, daß durch die Liebe etwas erwartet wird, etwas gegeben werden soll. Dabei ist zum Ausdruck gebracht, was man haben möchte und was an inneren Wünschen und Bedürfnissen befriedigt sein will. Dabei geht es meist um regressive Wunscherfüllungen, um Restsehnsüchte, die sich aus unerfülltem Kindheitsverlangen, aus ungelebtem Leben in uns erhalten haben. All der Mangel unserer nicht genug abgesättigten und unerfüllt gebliebenen Ansprüche aus früheren Lebensjahren verwandelt sich in entsprechende Bedürfnisse, Sehnsüchte und je nach dem Grad der Mangelerlebnisse in Hunger und rührt damit an etwas Lebensnotwendiges. In solchem Zusammenhang melden sich ungesättigte Grundbedürfnisse, die zur Menschwerdung gehören. Dazu gehört das Erlebnis von Geborgenheit, Beschütztsein, Nähe und leib-seelischer Wärme ebenso wie wahrgenommen und beachtet worden zu sein. Es sind die schon früh notwendigen Ich-Du-Erlebnisse mit dem Verlangen, dem anderen etwas zu bedeuten. All dies führt uns hin zum Aufbau von Vertrauen ins Leben, in den anderen Menschen. Dann kann Lebensmut wachsen.

Wer nachholen muß, lebt in der Gefahr, Liebe im Sinne von Haben-wollen zu verstehen und wird durch seine Erwartungshaltung geprägt. Im allgemeinen sind wir uns nicht bewußt, was für Nachholbedürfnisse in uns verborgen sind. Darum soll der andere zum Wunscherfüller werden. Liebe ist dann eine Art von Dienstleistung im seelischen Bereich. Es gibt auch bei beiden Geschlechtern seelische Prostitution.

Verliebte möchten geliebt werden und des anderen Geliebte oder Geliebter sein. Dabei wählt man die passive Form des Liebens, nämlich sich lieben lassen. „Männer lassen lieben ...“ als eine Aussage über Männer ist darum erschreckend und ungeheuer.

Aktiv zu lieben, selbst ein Liebender zu sein, berührt eine ganz andere Ebene der Begegnung. Es ist das Ergriffen-werden von der Liebe zum anderen, was in uns Kräfte aktiviert und uns selbst verlebendigt. Liebe ist dann die Fähigkeit, sich vom Wesentlichen des geliebten anderen ergreifen zu lassen. Es bedeutet ein Zusammenwirken vieler Funktionen, was uns zu neuer Kreativität steigert. Im Lieben ist die Gesamtpersönlichkeit angesprochen und belebt.

Manchmal sind auch schon intensive Erlebnisse des Verliebtseins die Auslöser zu Beschwingtheit und Aufbruch, wodurch unser Alltag beflügelt werden kann. Dadurch kommt in uns und unserem Leben etwas in Bewegung, was wir aus uns selbst nicht zu aktivieren in der Lage waren.

Herr X. war in seiner Ehe tief enttäuscht. Seine Frau distanzierte sich immer mehr von ihm, war launisch und ohne Kooperation. Er wußte nicht, daß sie mit Kontaktsuche zu anderen Männern beschäftigt war. Er selbst war auf sein Ehe- und Familienideal so sehr fixiert und hatte sich damit identifiziert, daß er die ganze Wahrheit seiner gescheiterten Ehe nicht wahrnehmen wollte. Trennung bedeutete für ihn zu versagen. Seine Partnerin war zu gemeinsamer Aufarbeitung und beratender Hilfe weder in der Vergangenheit noch in der Gegenwart bereit. Sie glaubte sich selbst aufzubauen über neue Begegnungen. Mit der Erwartungshaltung einer Erlösung durch den anderen war jede Beziehung durch Erlösungsforderungen von vornherein gefährdet und ohne Chancen. Über die Sexualität gelang es ihr auch, neue Kontakte zu finden, die jedoch über einfache Formen der Leiblichkeit nicht hinausreichten. Herr X. spielte die Rolle, die sehr viel häufiger bei Frauen anzutreffen ist. Seine Unfähigkeit, sich von seinen Wunschbildern von Lebensformen mit Familie und häuslichem Glück zu lösen, seine tiefe Sehnsucht nach heiler Welt machte ihn blind für all das, was Freunde und Bekannte in seiner Umgebung längst wußten. Auch er hätte lange schon einiges erkennen müssen, wenn er dies nur nicht verdrängt hätte. Ideale sind oft eine große Behinderung, das Hier und Jetzt richtig zu beantworten. Von seiner Lähmung auf allen Gebieten erlöst, herausgerissen aus einer zunehmenden Langweiligkeit seiner Tage wurde er erst, als ihn Freunde zu neuen Kontakten ermutigten. Seine Lethargie hatte sich soweit ausgebreitet, daß er sich nicht mehr vorstellen konnte, in seinem Leben noch etwas erwarten zu dürfen und daß die Welt ihm noch etwas zu bieten hat.

Viele Menschen verhalten sich wie die Mäuse in einem Versuchstest: Wenn sie einmal im roten Futternäpfchen Körner gefunden hatten, suchten sie nur dort Nahrung, nachdem sie erfahren hatten, daß im blauen Töpfchen nichts zu finden war. Wurden im Test die Näpfchen gewechselt und Futter in das blaue Töpfchen gegeben und das rote leer gelassen, suchten die Mäuse nur im roten Topf, der nun leer war und sie schauten nicht mehr in den blauen, waren also fixiert an ihre erste Erfahrung. Sie legten sich dann neben den leeren roten Topf nieder, bis sie verhungerten und neben dem mit Nahrung gefüllten blauen Futternapf schließlich starben.

Fixierungen können auch beim Menschen gefährlich und tödlich werden. Im seelischen und geistigen Bereich bewirken Festlegungen und Festhalten, Mangel an Flexibilität häufig ein Auf-der-Stelle-Treten, ein Absterben und Verkümmern gestaltender Energien, so daß neue Lebenschancen, Umgestaltungen und Erneuerungen nicht vollzogen werden können. Wer sich auf ein einziges Verhaltensschema festlegt, immer dieselben Verarbeitungsmechanismen anwendet, gerät in Enge und Einförmigkeit, die alle Vielfalt des Seins negiert.

Frau M. hatte aufgrund einer Geschwisterproblematik früh gelernt, schon vorsorglich durch Aggressivität sich zu schützen, weshalb sie immer aggressiv war und jedem Menschen gegenüber dies ausstrahlte. Dieser Dauereinsatz an psychischer Energie, der sich natürlich auch körperlich niederschlug, war ein unsagbarer Kräfteverschleiß. Dies hatte jedoch noch viel schwerwiegendere Folgen. Manche Menschen mieden Kontakte oder gar Nähe mit dieser Frau. Frau M. konnte in sich selbst ihre weichen, sensiblen, fraulichen Anteile, die sie nur noch in Kümmerform hatte, nicht mehr darbringen. Sie vermochte andere damit nicht zu beglücken und sie selbst blieb in ihrer rauen Lebensform unbefriedigt und leer. Mann und Kinder darbten an ihrer Seite, sie selbst aber auch, ohne daß sie sich dessen bewußt war. Ein Imker erzählte mir, daß besonders aggressive Bienen ihre Kräfte wohl fehlleiten, denn sie bringen immer viel weniger Honig als die nicht aggressiven Bienen.

Herr X., von dem die Rede war, zeigte sich zu allem bereit, um die Ehe zu retten. Seine Frau jedoch wollte dies nicht, auch keine Abklärungsversuche unternehmen. Die Verhaltensweisen ihres Mannes, der in seiner Wunschfixierung immer mehr an Eigenem, an Konturen und auch an männlicher Tatkraft verlor, stießen diese Frau ab. Weil er nicht loslassen konnte, wurde er allzu willfährig. Instinktiv erfaßte diese sonst desorientierte Frau, daß mit Unterwerfung eines der beiden Teile keine Partnerschaft zu gestalten ist. Die Abwertung durch seine Frau führte Herrn X. in depressives Verhalten und entfremdete ihn immer mehr von seinen seelischen und auch leiblichen Potenzen. Erst eine behutsam sich entwickelnde Verliebtheit, die mehr zu werden begann, brachte ihn durch die Aufwertung des ebenfalls verliebten Anderen wieder zurück zu seinen Möglichkeiten.

Für viele bedeutet leib-seelisches Nahesein sich mit dem Du zu verschmelzen. Das hat zur Folge, daß viel vom eigenen Wesen und Selbstsein aufgegeben werden muß. Angesprochen sind hier nicht unsere Marotten und Ungezogenheiten, die Infantilitäten, die uns noch anhaften, vielmehr geht es um das, was zu unserem Wesen gehört. Beispiele mögen dies verdeutlichen.

Frau L. war ein geselliger Mensch und brauchte Kontakte mit Menschen. Ihr Mann, weniger kontaktfreudig, hatte seine Bedürfnisse nach Gespräch und Austausch jeden Abend schon in der Berufstätigkeit befriedigt. Es führte später zu großen Problemen und brachte viel Unerfreuliches, weil Frau L. ihrem eigenen Wesen und seinen berechtigten Ansprüchen nicht gerecht wurde und sich der ganz anderen Art ihres Mannes unterwarf. Beide fanden keine vernünftigen Lösungen.

Herr P. war begeisterter Fußballspieler, aktiv wie auch passiv. Auch der Skisport brachte ihm viel Freude, zumal er in einem Ski-Club Menschen fand, die mit ihm große Skitouren unternahmen. Frau P. erreichte durch viele fein-geschliffene Äußerungen und Abwertungen, daß ihr Mann das Fußballspielen aufgab und auch beim Fern-seh-Fußball sich als recht primitiv und undifferenziert fühlen mußte. Ähnlich ging es mit den großen Skitouren, die als zu gefährlich und familienfeindlich untergraben wurden. Herr P. war nicht in der Lage und konnte sich auch keine entsprechende Hilfe holen, um die in seiner Frau gelegenen Probleme anzugehen. In der Bewunde-rung und Anerkennung gegenüber seiner Frau vermochte er nicht ihre Überkompensationen und auch verborgene Egoismen zu erkennen. Eine Eheberatung, die leider viel zu spät und nach vielen traurigen und spannungsgelade-nen Ehejahren schließlich zustande kam, konnte einige Zusammenhänge aufdecken, warum Frau P. und Herr P. so reagierten, weshalb die ganzen Jahre Altes, unbewußt Gebliebenes und nicht Verarbeitetes aus dem Elternhaus und frühen Entwicklungen stammendes Verhalten die Ge-meinsamkeit bestimmt hatten. Sie fanden heraus, woher die Angst stammte, die sich hinter ihren Äußerungen und Bewertungen verbarg, und woher es kam, daß Herr P. sich irritieren und abwerten ließ, weshalb er bei seiner Frau nur bewundern und nicht erkennen wollte, was bei allem Liebenswerten auch an Problematik in diesem Menschen vorhanden war.

Liebe ist nicht ohne Selbstschutz möglich. Es geht darum, miteinanderzusein, beieinanderzusein, eines Lei-bes zu sein ohne sich selbst zu verlieren und ohne den anderen in meiner Seele zu verschleißen. Wo Selbstauf-gabe gefordert wird, ist größte Wachsamkeit und Be-wußtheit verlangt. Bei der auffressenden „Liebe" voll-zieht sich dies meist so, daß vorwiegend einer von beiden seine Identität einbüßt und sich mit dem andern vermischt. Dies geht oft soweit, daß eigene Wesenheit, die persönliche Gewordenheit nicht mehr gelebt werden kann. Dann wird versucht, über den Partner neu Selbstwert zu suchen. Das heißt über den anderen zu leben. „Ich bin nichts – Du bist alles". Aber dieses Du sollte eben auch ein Du als Gegenüber haben, um nicht nur um sich selbst zu rotieren. In solchen Beziehungen erfolgt eine meist von beiden tief gewollte Abhängigkeit und die Ausrichtung auf ein enteignetes Leben. Dahinter steht der Wunsch, aus der eigenen Bedeutungslosigkeit, aus dem Gefühl des Mangels an persönlichen Werten und Potenzen erlöst zu werden. Es wird über den andern Erfüllung gesucht, um in gegenseitiger Steigerung an Bedeutsamkeitserlebnissen sich zu berauschen. Solche Menschen sind süchtig nacheinander.

Dieses Verschlungensein ineinander und Verschlungenwerden darf nicht verwechselt werden mit den viel schwerwiegenderen Erlebnissen von Ergänzungen, Übereinstimmungen und Gemeinsamkeiten in der Lösung von inneren und äußeren Aufgaben, die jeden steigern und helfen, ihn mehr sich selbst werden zu lassen. Wo Liebe ist, müssen nicht Persönlichkeitsanteile verloren gehen.

„Ich war nicht mehr Ich selbst. Ich glaubte, es sei das höchste Maß an Liebe, wenn ich nur danach trachte, mit meinem Mann eins zu sein. Das zu denken, was er denkt, das zu wollen, zu fühlen und in allem übereinzustimmen ..." Dies war die Äußerung einer Zweiunddreißigjährigen nach einer gescheiterten Ehe. Bei solcher Art von Selbstaufgabe und Auflösung begegnen sich nicht mehr zwei Menschen als ein Ich und ein Du, kann sich nicht der Fluß der psychischen und geistigen Energien entwickeln, wobei jeder durch den anderen gefordert und gesteigert wird. Vielmehr wird der eine zum Echo

14

des anderen. Begegnung ist damit unmöglich. Häufig verläuft dies so: Einer von beiden zieht den, der sich gerne vereinnahmen läßt, in extremer Weise in seinen Bann und verschluckt ihn gewissermaßen. Er soll dann zum Wunscherfüller werden durch die totale Ausrichtung auf den Geliebten. Alle Versuche von Eigenleben werden von dem Liebefordernden als Egoismus und Liebesmangel erklärt. „Wenn Du mich lieben würdest ..." So reden alle, die Liebe fordern und begehrlich sind, die sich lieben lassen wollen und selbst weit entfernt sind von eigener Liebesfähigkeit. Liebe läßt sich nicht fordern, kann nicht erzwungen und auch nicht gewollt werden, gibt es nicht als Verpflichtung. Das Irrationale am Lieben, das auch von der Psychologie nur umschrieben, letztlich aber nicht in Psycho-logie gefaßt werden kann, wurde von den alten Griechen gerade wegen seiner Unfaßbarkeit im wörtlichen Sinne als etwas Göttliches erklärt. Es gab den Gott der Liebe, von dem man getroffen, ergriffen wurde.

Ein wichtiges Merkmal bei einem Liebespaar ist immer, wieweit das Du wahrgenommen werden kann in seinen eigenen Bedürfnissen. Kann ich fühlen, was dem andern lieb, was ihm echtes Anliegen ist? Mit dieser Frage gekoppelt ist jedoch Klarsicht notwendig, wieweit das Gegenüber in der Lage ist, auch meine inneren oder äußeren Wünsche und wesensnotwendigen Belange zu erkennen und richtig zu beantworten. Wer dominiert und sich selbst ungehindert durch Einfühlung in den anderen auslebt, ist ohne Beziehung, steht ohne liebende Zuneigung im Grunde allein in der Welt. Dies ist denen, die andere gerne unter dem Deckmantel der Liebe oder Verliebtheit vereinnahmen, nicht bewußt. Ihre Unzufriedenheit und ihr Unbehagen äußert sich auf Umwegen und nicht selten in den verschiedensten Formen der Süchtigkeit. Die verbreiteten Suchtmittel wie Alkohol, Nikotin, Medikamente, Drogen, Erfolgsgier im materiellen wie auch im immateriellen Bereich sowie die Unersättlichkeit in der Sexualität gehören hierzu.

Es gibt auch seelische Onanie und die Sucht nach seelischer Selbstbefriedigung und zwanghafter Lustsuche. Der andere muß dann als Wunscherfüller und Befriedigungsobjekt von Leib und Seele herhalten. Weicht er von den Vorstellungserwartungen ab, kommt wie als Vorwurf „Du liebst mich nicht…" Als ob Liebe einzuklagen wäre. Als eine Partnerin in einer solchen Situation einmal gesund reagierte und ganz schlicht sagte: „Ja… wenn du so egoistisch bist und immer nur an dich denkst und kein bißchen an mich, … in solchen Situationen mag ich dich nicht. Wir sollten dann darüber nachdenken, ob du überhaupt liebesfähig bist oder nur von mir Liebe erwartest", wurde zwischen diesen beiden etwas ganz Neues eingeleitet. Dieser Mann war einst von seiner Mutter mit „Liebe" überschüttet worden, mißbraucht als Liebesobjekt und hatte nie erlebt, was das ist, wenn zwei sich begegnen und lieben lernen. Seine Frau sollte nicht nur alles bringen, was er von seiner Mutter gewohnt war. Dies wollte er natürlich auch geschehen lassen, doch war dahinter ein viel tieferes und ernsteres unbewußtes Anliegen. Da er nie als Mensch mehr war als Hätschel-Objekt und zur Bedürfnisbefriedigung der anderen eingesetzt war, erwachte in ihm eine Sehnsucht nach echter Zuneigung, die er nie erfahren hatte. Die Verwöhnung war teuer bezahlt worden. Er konnte aus seiner Anspruchs-Rolle nicht herausfinden, weil er im Haben und Empfangen fixiert war. Daß Lieben ohne Geben und Einsatz nicht geschenkt wird, nicht erlernbar ist, dies zu erkennen, war für ihn ein mühsamer und auch langwieriger Weg mit Hilfe der tiefenpsychologischen analytischen Psychologie.

Die Zerstörung einer Entwicklung zu wachsenden Liebesbeziehungen sind häufig Fixierungen und die Unfähigkeit loszulassen, was wir in uns herumschleppen an Leitbildern, Wertvorstellungen, Maßstäben, mit denen wir den andern messen. „Ich sollte ein Mann sein, wie ihn sich meine Frau vorstellte: Männlich und stark wie ihr Vater, d. h. wie sie ihn gesehen und als seine Tochter erlebt hatte. Sie erzählte nur von seinen von der Familie hervorgehobenen Glanzseiten. Er war beruflich erfolgreich und eine Chefnatur, der nicht nur in der Firma, sondern auch zu Hause wußte, wo es lang geht. Alle hörten auf sein Kommando, und es wäre Gotteslästerung gewesen, an ihm und seinen Maßstäben zu rütteln. Er hat damit alle als Gefolgsleute gehalten, die sich selbst nicht zum eigenen Weg hin entwickeln konnten. Darum sollte ich nun für meine Frau und die Familie immer genau wissen, was zu geschehen hat, sollte bestimmen und alle wollten sich nun in meinem Erfolgsglanz sonnen. Meine Frau wünschte sich im Grunde in der Rolle zu bleiben, sich über einen andern aufzubauen und nicht selbst auf eigenen Füßen stehen zu lernen. Sie versuchte über mich ihren Selbstwert aufzubauen und zeigte mir immer, wie ich als „Mann" zu sein habe. Von ihrem allzu einfachen Klischee und ihren kindlich gebliebenen Vorstellungen vom Mann sollte ich nun bestimmt und geprägt werden. Sie war völlig blind gegenüber dem, was ich für ein Mensch bin." Die Frau dieses Mannes hatte ihn geheiratet, weil er äußerlich gesehen alle guten Voraussetzungen mitbrachte, die sie persönlich und ihre Gesellschaftsschicht erwartete: Er war von hohem sozialen Rang, hatte Geld und Titel, war intelligent, gutaussehend, in hohem Maße gesellschaftsfähig und es be-

standen also viele Voraussetzungen, die eine erfolgreiche berufliche Laufbahn erwarten ließen. Alles schien glücksbeschieden und stand unter den besten Vorzeichen, führte aber ins Unglücklichsein für beide. Festgelegt sein in Leitbildern und Normerwartungen ließen diese Frau blind werden gegenüber den tatsächlich vorhandenen menschlichen Qualitäten ihres Mannes, der viel sensibler, differenzierter, einfühlungswilliger war als ihr Vater-Mann-Leitbild. Sie hat nicht nur ihn mit ihren Ansprüchen und Fehlbewertungen in tiefe Selbstzweifel und letztlich in eine Depression getrieben, sondern auch sich selbst durch ihren Mangel an Entwicklungs- und Lernfähigkeit großen Schaden zugefügt. Die Ehe scheiterte. Frau U. blieb in Äußerlichkeiten verhaftet wie ihr Vater und konnte durch die ganz anderen Qualitäten ihres Partners sich nicht zu neuen Bereichen des Lebens aufmachen. Sie hätte über ihn viel erleben und finden können in der Musik, in der Literatur und Dichtung, alles Bereiche, die ihr und ihrer scheinbar so erfolgreichen Familie als Erlebnisbereich verschlossen blieben, was nicht heißen soll, daß man nicht darüber hätte mitreden können.

Sehr häufig ist es so, daß uns das am anderen stört, was unserer Verhaltensgewohnheit und dem bisherigen Erfahrungsmilieu nicht entspricht oder entgegengesetzt ist. Oft werden dadurch Ängste oder Verunsicherungen ausgelöst. Frau N. war es neu, daß man sich auch ab und zu etwas besonders Gutes zukommen lassen kann. Sie war gewohnt, daß man nur das billigste Essen im Restaurant wählt, nur Sonderangebote oder Ausverkaufsware kauft. Ihr Mann war hier unbekümmerter. Er arbeitete hart, war im Grunde auch kein Verschwender, aber er wollte sich und seiner Familie auch dann und wann eine Freude machen. Die Kinder durften auch mal teurere Schuhe be-

kommen oder im Urlaub mehr mit der Gondelbahn fah-
ren, als dies Frau N. nach ihren gewohnten Maßstäben für
richtig hielt. Er und sie waren sich einig in dem, was sie
als fernes Sparziel hatten. Im Weg waren sie jedoch nicht
nur verschiedener Ansicht, sondern ärgerten sich gegen-
seitig recht kräftig. Sie lernte jedoch relativ rasch lebens-
froher und genußfreudiger zu leben, ohne darum Angst
und Sorge zu haben, das gemeinsame Ziel nicht zu errei-
chen. Er hat durch seine Frau auch bewußt erkennen
gelernt, daß man nicht zugleich teure Urlaube machen
oder einen großen Wagen fahren kann und doch zu ent-
sprechenden Rücklagen kommt, die notwendig wurden
für die Auszahlung eines Erbteils an einen Verwandten.
Herr N. war im Grunde dann ganz froh, durch seine
Frau gebremst zu werden bei wirklich unnötigen oder
etwas verschwenderischen Ausgaben, die man gar nicht
haben mußte oder aber auf spätere Jahre verschieben
konnte. Beide nahmen von dem etwas an, was der andere
an Andersartigkeit mitbrachte. In der Gruppenarbeit lern-
ten sie, sich zu fördern, wo sie sich früher gereizt und
behindert hatten. Beide konnten sich lösen von fixieren-
den Gewordenheiten, die sie in ihrem jungen Leben mit-
schleppten. Bereicherungen in Beziehungen sind nur
möglich, wenn wir uns öffnen können für das andere,
uns nicht Vertraute, ohne uns dadurch selbst aufzugeben
und ohne ganz auf die Linie des uns bisher Fremden ein-
zuschwenken. Sich entgegengehen und voneinander ler-
nen, wo man sich ewig reiben und schließlich verletzen
könnte, schafft neues Terrain.

Entgegenkommen und Offenheit heißen nicht Selbstauf-
gabe oder Verschmelzung. Extreme sind immer gefährlich, nicht nur in der Politik, auch im Alltag und in unseren Beziehungen. Die Sehnsucht, mit dem geliebten

Wesen zu verschmelzen, in der Dualunion unterzugehen, wird von manchen als die Erlösung vom Ich-Selbst-werden empfunden und ist Flucht davor, das eigene Leben auf sich zu nehmen. Es handelt sich um eine Regression in das vermutete und phantasierte Glück der frühesten Kindheit. In dieser Phase haben die werdenden Menschen noch wenig eigenes Ich. Dies entwickelt sich in kleinen Schritten im Vollzug der Ablösung aus der Mutter-Kind-Einheit. Zu jeder Ich-Findung sind wiederholt Schritte der Trennung und Distanzierung grundsätzliche Voraussetzung. Der Prozeß von Binden und Lösen ist darum in der menschlichen Entwicklung von sehr hochrangiger Bedeutung. Ungestilltes Verlangen nach Auflösung in der Zweisamkeit haben Menschen, die in der Frühphase nicht die notwendigen Erlebnisse von Geborgenheit, Beschützung und Sicherheit in der noch fast Ich-losen Zeit ihres Daseins erfahren durften. Die leib-seelische Nähe und Verbundenheit zwischen der ersten Beziehungsperson, die Einheit zu zweit, ist ein grundlegendes Erlebnis im ganz wörtlichen Sinn. Dies ist nicht nur für das Kind und werdende Ich, sondern ebenso für die Mutter oder die Mutterersatz-Person ein beglückendes Geschehen, das fortwirkt bei beiden.

Es ist tatsächlich nicht einfach, den Weg zu finden zum Du in inniger Zuneigung, ohne in sich selbst egoistische Erwartungen und Wunscherfüllungsforderungen aufkommen zu lassen. Nicht von den eigenen Ansprüchen dominiert zu werden, benötigt eine gesunde psychische Struktur der Ich-Stärke als Voraussetzung, damit wir zu lieben vermögen, ohne Besitzansprüche in irgendeiner Form geltend zu machen. Dahinter sind immer auch Machtanspruch und Herrschaftsgelüste enthalten. Im Grunde besteht die Tendenz, über den anderen – eingepackt mit der Vorgabe der Liebe – Verfügungsgewalt zu erlangen. Sofern dies nicht im Ganzen möglich ist, wird es zumindest in Teilbereichen angestrebt.

Neben denen, die Mangel litten in der Frühphase, gibt es noch eine andere Gruppe von Menschen, die durch nicht richtig vollzogene Ablösungsschritte allzu lange in der verwöhnenden und kleinhaltenden Beschützung gelassen wurden oder bleiben wollten. Vielen Müttern und Vätern fällt es schwer, Kinder ins Größerwerden zu entlassen. Sie verweigern das Mitwachsen mit dem Kind und wollen im Genuß der relativ problemlosen Kind-Eltern-Einheit verweilen. „Du bleibst immer mein Kind; daran läßt sich nichts ändern." Die Antwort des Sohnes: „Ja, Mutter... aber nicht dein Kleinkind!" Wo Loslassen nicht vollzogen und geübt werden kann, entstehen bei beiden Beteiligten Schäden. Kinder, die aus welchem Grund auch immer die Aus-einander-setzung, das zeitweise Auseinandertreten und sich Gegenübertreten nicht wagen, verweigern damit lebensnotwendige Entwicklungsschritte mit zunächst unübersehbaren Folgen. Was dabei an trauter Nestwärme über Gebühr erzwungen wird, an Spannung im Ablösungsprozeß umgangen werden kann, führt über ganz andere Wege später zu viel größeren und langwierigeren Belastungen oft bis ins hohe Alter. Wie soll sich jemand im Erwachsenenleben bewähren, wenn man mit Mutter oder Vater nicht das eigene, ganz persönliche Terrain abstecken lernt.

„Bisher war ich im Grunde immer meiner Mutter Tochter. Erst jetzt mit 40 Jahren wird mir dies deutlich und auch die Gefahr, nicht nur das Positive meiner Mutter, sondern ganz stark auch ihre negativen Seiten in meinem Leben fortzusetzen. Heute noch ertappe ich mich dabei, daß ich nicht unbekümmert zu meinen Entscheidungen stehen kann, wenn es sich um etwas handelt, von dem ich weiß,

21

daß meine Mutter dies nicht befürworten würde. " Dieser *Frau fiel es auch schwer, gegenüber Freunden und Bekannten zu sich selbst zu stehen, ihr eigenes Gesicht zu zeigen.* "Im Grunde verfolge ich immer als Ziel die Übereinstimmung mit den anderen zu erreichen, gewissermaßen unterzutauchen im Wir." "

Bei geringer Vitalität wird der Kampf um Aktivität, Selbstbestimmung nicht gewagt und die Bequemlichkeit führt zu der Trägheit der verwöhnten und überbeschützten Kinder. Viele wollen dies aufrechterhalten im Erwachsenenalter. Wenn es nicht überall geht, z. B. in der Berufswelt, so soll es doch im ganz privaten Bezirk gepflegt werden. So wird die Partnerschaft die Nische zu Regressionen. Hierfür wird dann ein Liebesdiener gesucht. Beschützung wird erwartet, und sei es nur, daß man vor dem Alltäglichen, dem Banalen, das auch zum Leben gehört, abgeschirmt wird, indem der andere dies abnimmt. Er ist dafür gut genug. Weiter reicht die Liebe nicht, weil die Selbstliebe genau an solchen Stellen vorrangig wird. Von solchen Frauen und Männern werden in der Haltung der Anspruchs-"Liebe" Verlangen und Forderungen gestellt, die kein Partner oder keine Partnerin je erfüllen kann. Der andere soll dann zur Gewährleistung der Dualunion und der vermeintlichen Liebe alles leisten: Soll Mutter und Vater ersetzen und fortführen, was an Mütterlichkeit und Väterlichkeit zu wünschen ist, soll Partner und Geliebter oder Geliebte und rundherum alles sein und geben.

In der psychotherapeutischen Arbeit und bei Eheberatungen treffen wir viele solcher Opfer von gescheiterten Versuchen der "großen Liebe" oder "totalen Hingabe". Sie sind meist verzweifelt, oft an Leib und Seele krank und erschöpft, ohne Verständnis für das, was in dieser neurotischen Zweisamkeit abgelaufen ist. „Ich habe doch alles getan, was nur menschenmöglich ist ...“ oder „Meine Frau kann es nirgends besser haben, findet niemanden, der ihr mehr entgegenkommen kann ...“ Zur Auflösung solcher Beziehungen kommt es dann, wenn der in seinen Ansprüchen Unersättliche auch noch bei andern sich das holen will, was einer allein bisher nicht zu leisten vermochte. Dahinter steht nicht nur der Drang nach noch mehr Verwöhnung, Egozentrik und Lustgewinn. Ganz unbewußt wird die tiefe, berechtigte Unzufriedenheit mit der im Alltag sich andeutenden Fehlentwicklung geahnt. Wer könnte auch in einer solchen Situation glücklich sein? Die Psyche läßt sich auf die Dauer nicht täuschen. Wer jedoch das nicht erkennt, was sich an gestörter Entwicklung vollzogen hat und täglich noch abläuft, wird aus dem Labyrinth unglückseliger Beziehungsstörungen und den damit verbundenen Unbefriedigtheiten nicht herausfinden. Veränderung und Nachreifung bedürfen der Bewußtwerdung und der Erschütterung.

„Als mir das alles aufgegangen ist – es fing damit an, daß ich ahnte, es könnte vielleicht auch bei mir selbst etwas nicht ganz in Ordnung sein –, war ich verzweifelt. Je mehr mir klar wurde, umso tiefer kullerte ich nach unten.“ Dies war das Bekenntnis eines 37jährigen Gruppenmitgliedes. Die anderen konnten ihm vermitteln, daß Heilung und Gesundung häufig mit Schmerzen verbunden sind. Nachzuholen, umzubauen vollzieht sich nicht im Schlaf und von alleine. Was aber wichtig war an der Hilfe der anderen Gruppenmitglieder, war das Verstehen seiner Enttäuschung über sich selbst, der Schmerz über die Entwertung seines Selbstbildes. Die andern konnten auch vermitteln, daß Krisen und Leid zum Antrieb wer-

*den können für einen Neubeginn. „Weine und trauere
über das, was bisher in deinem Leben fehlgeleitet war.
Schiebe nicht alles auf die andern, die dich von der Kindheit her in diese Richtung gelenkt haben. Suche nicht
Schuldige, die dich zu Fehlhaltungen verführt und mitge-
macht haben. Und vergiß nicht, daß etwas Gesundes, Le-
bendiges in dir ist, das dich in eine Krise geführt hat, dich
fähig sein läßt, Trauer zu fühlen, deinen Unsinn zu erkennen. Du hast noch viele Jahre vor dir, in denen sich kreativ neues Leben gestalten wird. Viel hoffnungsloser muß
der sein, der erst am Ende seines Lebens zu Erkenntnissen kommt."*

Es wurde schon erwähnt, daß der Ausbruch und die Un-
treue des Fordernden zum Nachdenken führen können.
Oft ist dies aber erst dann möglich, wenn der sich selbst
Opfernde an leiblicher und seelischer Erschöpfung er-
krankt oder im Leib sich die Auflehnung gegen ein
falsch gelebtes Leben und ein erniedrigendes Dasein
meldet. Was der Körper uns meldet, wird noch wenig
erkannt. Vor allem dann nicht, wenn alle Störungen nur
medikamentös angegangen werden, und der Leib sich
dann in neuen Symptomen nach einiger Zeit wieder melden muß. Hinweise und Anstöße zum Nachdenken
durch einen Arzt können hier hilfreich sein. Es bedarf
jedoch der Hinführung zum Fachmann, der die tiefenpsychologischen Zusammenhänge bearbeitet und über
eine gründliche Traumkenntnis die Meldungen der Psyche in die Therapie einbringen kann. Dann können auch
die verborgenen Ängste angegangen werden, die Fehlhaltungen auslösen. Es ist wichtig zu begreifen, was hinter dem verborgen ist, daß ich mich auffressen, dominie-
ren lasse und nicht ich selbst sein kann, was sich bis in
die kleinen Details unseres Alltags zeigt. „Warum gehe

24

immer ich, wenn es läutet? Warum gehe ich ans Telefon, wenn es klingelt? Warum laufe ich das Salz holen, wenn es bei Tisch fehlt? Jetzt erst, nach zwölfjähriger Ehe und nachdem ich krank geworden bin, fällt mir dies auf."

Es gibt Menschen, die Nähe und inniges Vertrautsein mit dem andern nicht auszuhalten vermögen. Lediglich im sexuellen Beisammensein geht dies für diese Stunde der Leibnähe. Bei solchen Partnern entwickeln sich Beziehungen schwierig, vor allem dann, wenn der andere beziehungsfähiger ist und Nähe sucht. Zu wenig Nähe und Innigkeit im Miteinanderleben kann den andern hungern lassen und weitreichendes Unbefriedigtsein auslösen. Tödlich für jede gesunde und lebendige, Kreativität fördernde Liebesbeziehung ist es jedoch, wenn ein solches Maß an Nähe gefordert wird, das dem andern und dessen eigenem Selbst keine Luft zum Atmen läßt. Wer in seiner Liebe die Wesensmöglichkeiten des andern unterdrückt, schadet ihm und tötet damit die Chancen einer wachsenden und vertiefenden Beziehung. Liebe wird im Keim erstickt, wenn durch eine gefräßige Art von Zuneigung und durch unersättliche Anspruchs-"Liebe" der andere gebraucht und mißbraucht wird. „Ich brauche dich" oder „ohne dich kann ich nicht leben" hat mit der damit geäußerten vermeintlichen Liebe nichts zu tun. „Ich bin für meinen Mann ein Gebrauchsgegenstand. Er liebt sein Auto, seine Bäume in seinem Garten, sein Haus, seine Kinder und auch mich. Er glaubte mich zu besitzen. Aber er kannte mich wenig, nur in dem Bereich, in dem ich ihm Wünsche abzudecken hatte. Mehr wollte er auch gar nicht von mir wissen und erfahren. Meine anderen Seiten ahnte er nicht einmal. Er fühlte sich befriedigt und war nicht neugierig auf den anderen. So verhielt er sich auch seinen Kindern gegenüber. Erst als ich mich trennte und für ein Jahr

Bedenkzeit erbat, wure er aufgerüttelt. Es wäre nicht anders geworden, wenn ich mich nicht wirklich für ein Jahr abgesetzt hätte Bald wären wir wieder in alten Trott und alte Verhaltensmuster verfallen. Dieses Jahr der Trennung hat uns beide wach gemacht."

Wenn wenig inneres Nahesein erlebt wird und die Beziehungsfähigkeit und Hingabefähigkeit gering sind, entwickelt sich wenig Verbundenheit. Dann rühren Erfahrungen von Gemeinsamkeiten nicht an das Zentrum, was normalerweise beim Lieben geschieht. So ist es ein Leichtes, Distanz einzuhalten und dem Geliebten große Freiräume zu gewähren. Menschen mit Angst vor Nähe halten ebenfalls Abstand vom anderen, weil sie früh im Kontaktnehmen und -erleben negative Erfahrungen gemacht haben. Sie streben eine schützende Entfernung an, um eine Sicherheitszone gewährleistet zu haben, lassen sich aber gerne lieben und werden dadurch beglückt. Meist sind sie wenig und ganz selten in der Lage, dem andern gegenüber Liebevolles zum Ausdruck zu bringen. Manche wählen dann den Umweg der großen Gesten und Geschenke, weil im ganz normalen Bereich des Alltags Zärtlichkeit und Intimität nicht vollzogen und wahrnehmbar gemacht werden können. Häufig wiederholen sich Reaktionen und Kämpfe aus der frühen Kindheit in neurotischer Weise: Da wird gekämpft ums Rechthaben, um Meinungen, um Lapalien. Kräfte werden verschleudert, die einer sinnvolleren und besseren Sache zufließen sollten. Um die Wahl eines Vorhangs, den Bezug eines Sessels, die Farbe eines Teppichbodens wird dann gerungen oder gar gestritten. Versachlichung und Entgegenkommen, Zugeständnisse und Wechsel in der Entscheidung werden unter den Wiederholungsbedingungen aus früher Kindheit nicht geleistet, weil es um neurotische Selbstwertsuche geht. Dann kann nichts dem anderen überlassen werden, auch nicht im Wechsel. Partner eines solchen Streiters, der fanatisch sich und seine Entscheidungen erkämpfen muß, wird mit der Zeit zum Mitstreiter, weil er auf die Dauer nicht ohne sich selbst zu reduzieren, dem andern das Feld einfach überlassen kann. Kinder solcher Partner haben kein förderndes Milieu, selbst wenn sie von den Eltern materiell und auch psychisch Zuwendung erhalten. Sie leiden Schaden in der Dauerspannung solcher rechthaberischer Geplänkel und erleben nicht ein partnerschaftliches Leitbild. Ohne Hilfe von außen wird im allgemeinen nicht erkannt, was hier an neurotischer Wiederholung abläuft. Es geht dabei nicht um kindische Rechthabereien, die es auch zwischen Paaren gibt, sondern um Defizit an Selbstwert aufzufüllen, übers Durchsetzen sich selbst stark zu fühlen. Es ist nicht immer leicht zu erkennen, daß hinter solch sturer Rechthaberei und harten Durchsetzungskämpfen sich viel Schwäche kundtut.

Die eigene Instabilität verunsichert und macht Angst davor, im Innern ergriffen zu werden. Ohne solches Betroffensein durch den anderen vollzieht sich jedoch keine intensive Ich-Du-Beziehung, gibt es auch nicht die tiefe Sehnsucht nach inniger Vertrautheit. Im Nahesein, nicht in der Verschmelzung, wird der andere immer bedeutsamer und wertvoller. Hinter emotionaler Treilnahmslosigkeit und Distanzbedürfnissen, die Nähe nicht auszuhalten vermögen, verbirgt sich häufig emotionale Angst oder aber Unentwickeltheit, die liebesunfähig macht. Dies stellt den Gegenpol dar zum infantilen, verschlingenden Besitzenwollen. Beide Fehlentwicklungen sind verschiedene Reaktionsformen auf frühkindliche Beziehungsprobleme oder krankhafte Selbstbezogenheit. In beiden Fällen liegt ausgeprägte Egozentrik vor, bei der zuviel Zuwendung zu eigenen Bedürfnissen dahin führt, daß Bereicherung durch Du-Findung und ergreifende Du-Erlebnisse nicht stattfinden können.

Die Einsichtsfähigkeit in diese Fehlentwicklungen und Störungen ist bei den Betroffenen meist reduziert. Herr W. hatte von kleinauf gelernt, daß immer andere für alle Miseren zuständig sind und man selbst aufgrund maßloser Selbstgerechtigkeit sich nicht in Frage zu stellen braucht. Das hatte ihm seine Mutter, eine Frau, die in allen Bereichen perfektionistisch alles „rechtmachte", vorgelebt. Er war wortgewandt und einfallsreich, so daß er so gut wie sein Leitbild immer zahlreiche Rechtfertigungen hatte. Er war der fleischgewordene Rechthaber. Sachlich gesehen hatte er auch oft das Recht auf seiner Seite. Was er anführte, stimmte immer. Eines wußte er jedoch nicht, und hierfür fehlte ihm jegliche Sensibilität, daß ihm Verständnis für menschliche Schwächen, Mitgefühl für den anders gearteten Menschen fehlte und er für die anderen ein ganz widerlicher Besserwisser und Pharisäer war, vor dem alle das Kreuz machten, ehe er am Abend nach Hause kam. Eine tiefreichende Ehekrise und eine schwerwiegende Erkrankung machten es möglich, daß er sich bereitfand, mit therapeutischer Hilfe Bewußtsein über sich selbst zu erarbeiten.

Falsch verstandene Zweisamkeit führt zuweilen in das andere Extrem, in die ebenfalls häufig mißverstandenen Bedürfnisse nach Selbstverwirklichung und führt zu Anspruchshaltungen und Forderungen, die ohne innere Reifung keine Balance finden. Die Angst vor dem Untergang im anderen, vor der verschlingenden Zuwendung und Machtansprüchen derer, die zu lieben vorgeben, treibt manche Partner in beziehungslose Selbstsucht. Dann glaubt man, sich in sich selbst und in der eigenen Wunschbefriedigung genügen zu können. Auch hier wird der andere lediglich benützt und ge-

braucht, eingesetzt im Spiel des Lebens nach dem Lust-
prinzip, jedoch ohne die Tiefe des Sinngeschehens zu
erreichen.

Lieben ohne Erwartungen, ohne haben wollen, setzt
voraus, im Hier und Jetzt voll leben zu können. Das
Gegenwärtige wird zerstört, sobald allzu viel Vergangenheit hineinwirkt und mitbestimmt. Das vom Augenblick
des Lebens Geforderte wird auch zunichte gemacht,
wenn wir von der Zukunft geleitet und festgelegt sind.
Liebe ist darum immer im Hier und Jetzt zu bestehen,
vollzieht sich stets im Gegenwärtigen. Wer festhalten
will und im Augenblick auch schon Zukünftiges erzwin-
gen möchte, zerstört, was sich entfalten möchte. Loslassen führt in neue Möglichkeiten, Festhalten läßt erstar-
ren, verhindert die Wandlung zu neuen Gegenwarten.

Wer nicht loslassen kann, weiß nichts von der steten
Verwandlung allen Seins. Es handelt sich dabei nicht um
intellektuelles Wissen. Wir wollen natürlich alle guten
Augenblicke, Stunden und Tage festhalten oder wenigstens ausdehnen. Hierin äußert sich etwas von der im
Menschen tief verankerten Sehnsucht nach der Ewig-
keit als Gegengewicht zum dahinfließenden, in stetem
Wechsel und in Veränderung sich vollziehenden Leben.
Darum sprechen die Dichter in unendlichen Variationen
von Liebesleid, von der Trauer um verlorenes Glück,
wenn es durch den Wandel nicht hinübergerettet werden konnte zu neuen Ebenen, die eines Tages neues
Glücksgeschehen bringen. Nicht festhalten wollen heißt
die Gesetze des Lebens zu bejahen. Es erspart uns aber
nicht die Trauerarbeit, weil diese uns weiterführt und uns
selbst verwandelt und bereit macht, uns als dieser neue
Mensch dem Leben zu öffnen.

Nicht allein zwischen erwachsenen Menschen und vor
allem in der Liebe zwischen Mann und Frau besteht die

Gefahr zu lieben ohne loszulassen. Dieselbe Problematik finden wir zwischen Eltern und Kindern. Es ist etwas ganz Natürliches, daß wir durch die Zuneigung zu unseren Kindern beglückt werden, vor allem durch das, was sie uns entgegenbringen und uns erleben lassen, wie bedeutsam wir für einen kleinen Menschen sind. Sie stärken unser Werterlebnis der eigenen Person ganz beachtlich. Unsere Kinder sind darum für uns die besten Kinder, weil sie uns bereichern, auch wenn wir bei aller Mühe mit ihnen uns dessen nicht immer bewußt sind. Wer seine Kinder allzu neutral und kritisch betrachtet, sollte über seine Beziehung zu seinen Kindern nachdenken. Eine innige Verbundenheit mit unserem Kind bringt immer auch auf beiden Seiten ein gewisses Identifikationsgeschehen in Gang. Kinder brauchen zur Entwicklung Identifikationsobjekte, Menschen, die sie lieben und denen sie nacheifern können. Aber auch für den erwachsenen Vater oder die Mutter wird über das Miteinandersein mit dem Kind etwas geweckt, was an unser eigenes Kindsein rührt und Nachentwicklungen wie auch psychische Aufarbeitung auslöst. „In deinen Fiebernächten konnt' ich lernen ..." steht in einem Gedicht.

Ich werde an die Erzählung eines Mannes erinnert, der dafür bekannt war, daß er sich selbst sehr hofierte. In einer geselligen Runde berichtete er, wie ein kleiner Junge in der Stadt plötzlich auf dem Gehweg neben ihm herlief und ihm schließlich recht aufdringlich erschien. Schließlich stellte er bei genauem Hinsehen fest, daß es eines seiner Kinder war. Erstaunlicherweise gab es bei dieser Zuhörergruppe Leute, die hierüber zu lachen vermochten. Es ist immer viel Aussage enthalten, wenn wir lachen oder aber zu lachen verweigern. Es war peinlich für die Zuhörer, die ahnten, daß dieser so sehr um sich selbst kreisende Vater seinen Sohn nicht nur auf der

Straße, sondern auch sonst nicht wahrnehmen konnte. Liebesunfähigkeit wird in unserer Gesellschaft noch nicht als das erkannt, was es ist, nämlich Auslöser verhängnisvoller, schwerwiegender Folgen.

Der Distanz zum Kind und der Unfähigkeit, auf es emotional zu antworten, steht der Mißbrauch des Kindes als andere Gefahr gegenüber. Hier wird es wahrgenommen, jedoch nicht als eigenständiger Mensch, vielmehr als manipulierbares Objekt. Wer diese werdenden Wesen zur Befriedigung eigener Bedürfnisse und Wünsche einsetzt, sie dem eigenen Machtbereich zuordnet, richtet viel Unheil an, nicht allein bei dem manipulierten Kind, sondern auch bei sich selbst. Wer nicht mitwächst und seinem Kind die zu seiner Entfaltung notwendigen Schritte der Verselbständigung und Eigenentscheidung nicht zulassen kann, behindert nicht nur den werdenden Menschen, sondern auch die eigene Entwicklung. Solche Eltern wachsen nicht an und mit ihren Kindern, sondern werden zu Behinderungsfaktoren anderer. Viele nehmen Kinder als Ersatz für eigenes, zu wenig gestaltetes und zu armselig gelebtes Leben. Sie werden vereinnahmt und zu einer Art von Ersatz-Ich, das damit in den Sog der Persönlichkeitsprägung von Vater oder Mutter getrieben wird. Dabei werden zuweilen die sanftesten und raffiniertesten Formen der Gewalt angewandt. „Ich will doch nur dein Bestes ...“ Aber was das ist, wird von den Wünschen und Zielen dessen geprägt, der vorgibt dies zu wissen. Entwicklung und Reifung vollziehen sich nicht wie eine Gerade, nämlich auf dem kürzesten Weg von hier nach dort. Leben vollzieht sich nicht ohne Umwege und zuweilen auch Abwege, nicht ohne Kehren und Wendepunkte. Hinter der Elternliebe ist oft viel Selbstliebe verborgen. Loslassen ist auch hier die hohe Form des Liebens.

Weil in der Menschheitsgeschichte die Einzelpersonlichkeit nur wenig Spielraum zur Selbstbestimmung und -verwirklichung hatte, ist in unserem Jahrhundert große Sehnsucht und oft berauschende Aktivität hin zu Freiheitsbestrebungen aufgebrochen. Nach dem Gesetz von These und Antithese führte dies bei vielen und vor allem in den Familien zu großen Auseinandersetzungen. Dabei wurde oft hart um Freiräume gekämpft. Dies erfolgt umso heftiger, je weniger das altersgemäße Loslassen vollzogen und geübt werden konnte. Auch hier geht es bei Eltern nicht nur um das Ausüben von Macht, sondern darüber hinaus um Projektionen, die an den eigenen Kindern am liebsten anzubringen versucht wird. Die persönlichen Wunschbilder, Wunschziele, auch Versäumtes und Ersehntes werden auf Kinder übertragen. Oft entwickeln sich sehr schwierige Familiensituationen, wenn die heranwachsende Generation sich irgendwann zur Wehr setzt. Manche Tragik entsteht auch dadurch, daß keine Abwehr und Opposition geleistet werden kann und junge Menschen ihre Lebenschancen aufgeben. Es sind nicht wenige, die an Depressionen erkranken, selbstmordgefährdet werden, in totale Versagensängste geraten, ganz einfach darum, weil sie in zu hohem Maße sich selbst entfremdet wurden, fremdgesteuert waren und ihnen die vitale Kraft fehlte, den harten Kampf um das eigene Leben, um die Entfaltung ihrer Möglichkeiten zu kämpfen. Ihre Bedrückung, ihr Kummer kam nicht zum Aufbruch und Ausbruch. Er implodierte und fiel als schwere Last auf die eigene Seele.

Im Gegensatz hierzu gab es auch den Weg der Explosion und die Befreiung nach außen. Hierher gehören die vielen Heranwachsenden, die aus ihrer Familie flüchteten, sei es in eine frühe Ehe oder in ein anderes Land, das nicht weit genug weg sein konnte von Europa. Erst in solch großem Abstand und unter neuen Lebensbedingungen fühlten sie sich außer der Reichweite von elterlichen und familiären Manipulationen, die bewußt oder häufig auch ganz unbewußt auf die nächste Generation prallten. Dabei geht es nicht nur um gewünschte Prägungen von persönlichen oder gesellschaftlichen Werten, von den sozialen Status sichernden Leitlinien. Darüber hinaus werden ganz auf die eigenen Wünsche zugeschnittene Bilder und Symbole angestrebt, die im Grunde bedeutungslos sind. Dies reicht oft bis in banale Äußerlichkeiten.

Vater N. erzählte seiner neunjährigen Tochter, welche Frisur sie später einmal tragen würde, und welche Pelzjacke er ihr dann kaufen wolle. Dabei gab er sein Bild seiner Wunschfrau der kleinen Tochter ein, wie in einen Computer, mit dessen Abrufbarkeit der Inhalte man fest rechnet. „Ich wurde von meinem Vater modelliert wie eine Tonfigur... Obwohl ich gerne Flöte spielen gelernt hätte, mußte ich Klavierspielen lernen. Gar zu gerne hätte ich mich in einem Schwimmverein angemeldet, aber ich mußte in den Tennisclub, obwohl mir schrecklich langweilig war, den Ball hin und her zu schlagen. Wenn man ihn auf solche Zusammenhänge anspricht, sagt er, daß ich doch zu nichts gezwungen wurde. Aus seiner Sicht stimmt das. Seine Methoden, mich in seine Richtung zu bringen, gebrauchten nicht einmal die sanfte Gewalt. Sie waren psychologisch raffiniert. Ein Kind kann dem nicht widerstehen, weil es die Liebe des sonst bewunderten Vaters nicht verlieren möchte. Schließlich glaubte ich dann lange Zeit selbst, daß Tennis spielen schöner ist als sich im Schwimmen zu üben." Der Vater war ein kluger Mann und im Städtchen hoch angesehen als Arzt und Gemeinderat. Er lebte in der Überzeugung, zu wissen, was das Beste ist. Von Selbstzwei-

feln war er nie geplagt, weil es ihm an Sensibilität und Ein-
fühlung für all das fehlte, was jenseits seiner sehr begrenz-
ten Anschauungen und Wertmaßstäbe lag. Er war selbst zu
wenig Individuum, weshalb er kein Bewußtsein besaß von
den Möglichkeiten des Lebens. Hinter seiner hochpolier-
ten Fassade verbargen sich Unsicherheiten und ehrgeiziges
Streben nach Anerkennung durch die anderen. Seine ei-
gene Unreife und seine intellektuellen Fähigkeiten zur Ma-
nipulation ließen es nicht zu, anderen die Freiheit zu eige-
ner Entscheidung zu geben.

Eltern delegieren viel an ihre heranwachsenden Kinder.
Sie sollen Unerledigtes aus dem Elternleben übernehmen oder fortführen. Ganz unbewußt wird dabei er-
hofft, an dem, was Kinder zuwege bringen, auch im eigenen Innern teilzuhaben. Dieser Wunsch-Irrtum führt zur
Selbsttäuschung. Der Aufbau des eigenen Menschseins,
der Weg zum gesunden Ich-Selbst vollziehen sich nur
über das, was wir selbst realisieren. Durch solche Verlän-
gerungen des eigenen Lebens durch Kinder und durch
das Anbinden an die eigenen Ideal-Vorstellungen mußten viele Pfarrer oder Priester werden, ins Kloster gehen,
wurden gezwungen zu studieren, einen Betrieb zu übernehmen oder eine Schuldbildung über sich ergehen zu
lassen, was ihnen in keiner Weise entsprach und sie in
Not und Leiden trieb.
   Die Unzufriedenheit über uns selbst und unseren Le-
bensvollzug, eigene Angst und Schwäche führen immer
wieder dazu, im Kind und Heranwachsenden sich selbst
einzupflanzen und damit das neue, junge Leben zu bedrängen und zu belasten. Wir sind alle in der Gefahr, zu
wenig über unsere unbewußten und auch vor uns selbst
verborgen gehaltenen Wünsche zu wissen. Es finden sich
immer genug vernünftig anmutende und überzeugend

erscheinende Gründe, die uns und die anderen glauben
lassen, daß wir nur „das Beste" für den anderen wollen.
Wenn dies dem anderen nicht bekommt, er sich dagegen
sträubt, wird das nicht wahrgenommen. Häufig wird er
jedoch dann zum Versager deklariert, der zur großen
Enttäuschung geworden ist, weil er sich nicht zum Wunscherfüller einspannen ließ. Unter solchen Vorzeichen
haben diese Kinder und jungen Menschen es nicht nur
schwer, sich selbst vertrauen zu lernen. Wer keine Helfer hat, die eigenen Kräfte zu suchen und zu üben, dem
fehlt auch die Grundlage der Selbstbestätigung und des
Selbstwertes, der nicht von der Übereinstimmung mit
den Bewertungen von Vater und Mutter abhängen darf.

Je schwächer die Ich-Kräfte sind und je mehr die
Identitätsfindung behindert wurde, umso mehr entwik-
kelt sich die Sehnsucht danach, andere Leben und Menschen mitzugestalten und Eigenes dabei unterzubringen.
Es sind seelisch-geistige Kräfte notwendig, um dem anderen Entfaltungsfreiheit zu gewähren und um die Gelegenheit eigener Machtausübung sinnvoll und besonnen
einzugrenzen.

Wenn wir bedenken und erkennen, in welch weitreichender Weise Zuneigung und Nähe und all das, was wir
Liebe nennen, in uns verwoben ist und alle Bereiche
durchdringen kann, verstehen wir, warum wir das, was
Liebe ist, nicht definieren können und dies nur in Teilbereichen gelingt.

Sehnsucht nach der heilen Welt

Das Urverlangen im Menschen nach Geborgenheit, Zugehörigkeit und damit verbunden die Überschreitung der Ich-Grenze und Isolierung wurde von den Psychoanalytikern als Regressionswunsch und als die Sehnsucht nach Rückkehr in den frühen Zustand der Entwicklung im Schutz des mütterlichen Uterus oder der Verbundenheit in der Dualunion mit der Mutter gedeutet. Dabei geht es ums Einssein und um Übereinstimmung, um Getragensein, weil die Vereinzelung, die Isolierung als ein Ich Ängste auslöst.

Wer sich in der Psychotherapie oder psychologischen Beratung um Menschen zu kümmern hat, die in Schwierigkeiten oder Krisen geraten sind, kann immer wieder feststellen, daß die Fähigkeit zur Lebensbewältigung davon abhängt, wie wir unsere jeweilige Wirklichkeit, die Tatsachen unseres Lebens annehmen und verarbeiten können. Viele Störungen und Neurosen entwickeln sich dann, wenn man auf der Flucht ist vor der Realität und man sich ihr nicht stellt. Meist ist es die Verweigerung, die Realität in den vorgefundenen oder vorgegebenen Tatsachen soweit anzunehmen, daß man sich ihr stellt und nicht innerlich davonläuft oder wegschaut. Dann wird die Entwicklung zu erwachsener Selbständigkeit ge-stört. Auf-der-Flucht-Sein vor den gestellten, altersge-mäßen Forderungen, vor Lebensaufgaben und davor, sich selbst zu werden und zu sich selbst zu stehen, kenn-zeichnet neurotisches Verhalten.

Dahinter verbirgt sich die Weigerung, die Wirklichkeit in ihren Gegebenheiten anzunehmen. Ein Sechsjähriger for-mulierte dies so: „Wenn ich gewußt hätte, wie es bei euch ist, wäre ich nicht zu euch gekommen." Ein intelligenter Student drückte seine Verweigerung anders aus: „Ich weiß, wie es in der Welt zugeht. Krankheit, Not, Plage und Quälereien, Betrug und Gemeinheiten sind überall, oben und unten. Ich gebe meine Eintrittskarte zurück, indem ich mich umbringe. Diese Welt akzeptiere ich nicht. Hier möchte ich nicht mitmischen und auch nicht ein passiver Mitläufer sein." Er wollte zunächst nur für ein paar Sitzungen kommen, weil er dies seiner Mutter versprochen hatte. Ich schlug ihm vor, sich einer tiefen-psychologisch-analytischen Auseinandersetzung mit sich selbst zu stellen, um zu erfahren, was der unbewußte Teil seiner Persönlichkeit dazu zu sagen hat. Sich zu töten bliebe ja immer noch. Ich machte deutlich, daß ein The-rapeut sich nicht einbilden dürfe, einen Menschen zum Leben überreden zu können. Weiterzuleben ist nur mög-lich, wenn ein Teil des Menschen weiterleben will und bewußt oder unbewußt dies bejaht.

Was geschah in der Behandlung, die ihn dahin führte, eines Tages zu sagen: „Ich will mich nicht mehr umbrin-gen. Ich sehe genauso wie früher, was grauenerregend ist und schrecklich. Aber ich will die Welt aushalten lernen, bestehen können so gut es mir eben gelingt." Was war verändert? Warum konnte er nun seine infantilen Wün-sche nach einer spannungslosen, harmonischen Welt auf-

geben? Dies vollzog sich parallel zu einer langsamen, stetigen Entwicklung von Ich-Selbst-Kräften. Er lernte, nicht mehr ein braver Junge zu sein und es allen rechtmachen zu wollen. Er setzte sich mit dem Thema „Lieben und Loslassen" auseinander und entwickelte eigene Werterlebnisse. Dabei konnte er sich selbst annehmen lernen und sich mit dem befassen, wo er sich schuldig fühlte. Seine Selbstzerstörung durch Rauchen und Trinken erübrigte sich. „Ich kann mich jetzt manchmal leiden ... z. B. wenn ich unter der Dusche stehe ..." Die Mitteilungen aus seiner Seele in seinen Träumen und Phantasien ließen ihn, den Intellektuellen und Kopflastigen, erkennen, daß Wissen, Willen, Bewußtsein nur ein Teil ist.

Die Ablösung von seinen Eltern, die er liebte, und von denen er sich innerlich zunächst distanzieren mußte, weil sie seine Generation nicht verstanden und in ihm Schuldgefühle auslösten. „Es ist schon tragisch, wie es eingerichtet ist ... Es geht nicht ohne Wehtun." Später sagte er einmal „Ohne Leiden geht's halt nicht auf dieser Erde ... aber das ist schwer zu begreifen ... vielleicht auch gar nicht. Oh diese ewige Warum-Frage!"

Die Sehnsucht nach Harmonie ist in vieler Hinsicht in uns wirksam. Zu dem Mitschwingen im Spannungslosen gehört Übereinstimmung und Abgestimmtsein. In solchem Zusammenspiel haben alle Einzelteile ihren Platz und schaffen ein Ganzes, ohne daß einzelne Teile sich hervortun. Dies wird intuitiv erfaßt. Wie sehr uns ein gelungenes Ganzes in seiner Harmonie anspricht, erleben wir in Kunstwerken, architektonischen Gestaltungen und auch schon dann, wenn wir in ein Zimmer eintreten. Im Gegensatz zur Harmonie steht die Dissonanz. Sie ist geprägt durch auffallend Gegensätzliches, das zu Mißtönen führt und Zwiespältigkeiten zeigt, die zur Auseinandersetzung zwingen. Dabei steht etwas entgegen, führt heraus aus dem Ganzen, verselbständigt sich und führt zur Konfrontation. Damit kommt etwas in Bewegung, wird Dynamik erzeugt. Wir brauchen beides: Harmonie zum Mitschwingen und Dissonanz zum Gegenübertreten. Den zur Regression geneigten Menschen ängstigt dieses. Er liebt das Gewohnte, Vertraute, Bekannte, das man in dem Sinne kennt, daß man nichts zu befürchten hat und vor Überraschungen gesichert ist. Zweifellos ist es ratsam, sich nicht fortwährend in neue Situationen und damit Konfrontationen zu begeben. Dies würde unsere Potenzen erschöpfen und keine gründliche Aufarbeitung mehr ermöglichen. Wer von einem ins andere springt, wird zwangsweise oberflächlich. Um etwas zu verinnerlichen, sich von etwas bewegen zu lassen, brauchen wir Zeit. Zur Regeneration bedürfen wir darum spannungsfreier Nischen in unserem Dasein. Wer dies nicht hat und sich dies nicht zu schaffen vermag, gerät in Krisen oder auch in Krankheit. Um kreativ zu sein brauchen wir das Heraustreten aus der Konfrontation und das Einschwingen in harmonische Lebensbereiche. Zu wenig Beruhigung und zu seltenes Hineinfinden in entspannende Harmonie gefährdet uns und führt uns, meist ohne daß wir uns dessen bewußt werden, zu Ersatzhandlungen. Dann wird unbewußt Ausgleich gesucht.

Hinter dem Verlangen nach heiler Welt steht ein tiefes Bedürfnis nach Harmonie im Sinne von einer inneren Ordnung, Eingebettetsein in größere Bezüge und Zusammenhänge. Dabei geht es darum, nicht immer nur Ich sein zu müssen in ständiger Berührung mit Andersartigem, mit Nicht-Ich. Wer beglückende Erlebnisse von Zugehörigkeit und Mitschwingen nicht erleben kann, sucht die regressiven Bedürfnisse, die sich dann entwickeln, auf vielerlei Arten zu befriedigen. Dies ist möglich durch das

Absinken in tiefen Schlaf und viel Schlaf, durch die Abwehr von Zuständigkeiten, denen wir uns entziehen. Man fühlt sich für nichts verantwortlich, und schuldig sind dann immer die anderen. Hierher gehört auch das Untertauchen in Gruppen- und Kollektivleben, ebenso die Selbstauflösung in einer Partnerschaft. Auch infantile Formen von Religiosität werden in solchem Zusammenhang gewählt. Die Sexualität ist für viele der Weg, das Verlangen nach Ich-Entgrenzung zu suchen und ein regressives Eins-sein zu suchen. Auf diesem Hintergrund führt der Weg in suchtartiges Verhalten und zum Zwang zu orgiastischen Erlebnissen. Überaktivität im Sexualbereich haben Beziehungsschwäche und Mangel an emotionalen Kontakten als Hintergrund. Die Regression im religiösen Bereich ist davon geprägt, daß die Beziehung zu Gott lediglich ein Vater- oder Mutterersatz ist.

Es gibt viele Formen, die kindliche Sehnsucht nach Symbiose zu befriedigen. Neben dem Verlangen, in einen Urzustand zurückzukehren, gibt es auch für den erwachsenen und entwickelten Menschen Formen, das in uns verankerte Bedürfnis nach der Überwindung der Vereinzelung und Isolierung zu überwinden. Hierbei handelt es sich nicht um Verlust an Individualität. Neuere Arbeiten der Psychoanalytiker haben dies nun auch erkannt. Seit langem wurde dies jedoch von C. G. Jung wahrgenommen, der hinter der reifen Individuation das Hineinwachsen in größere, Ich-übersteigende Zusammenhänge sieht. Dann ist die Sehnsucht und das Hineinwachsen in Ich-übergreifende Seinsbereiche nicht ein Phänomen der Angst oder Flucht vor dem tatsächlich gegebenen Leben zu bewerten. Es ist darum von großer Bedeutung, wie und auf welcher Ebene solche Impulse gelebt werden und was sie im Menschen anstoßen, was es in der Lebenswirklichkeit bewirkt.

Erst nach der gelungenen Integration unserer Individualisierungsprozesse zeigt sich, ob wir als Individuum für uns selbst und für die anderen positive Entwicklung zuwege gebracht haben. Wenn auch anfänglich in der Jugend und Aufbauphase zuweilen die Abgrenzungen von den anderen und das oft zwanghafte Hervorheben der individuellen Prägung Schwierigkeiten bereiten, führt die gesunde Weiterentwicklung zu sozialem Verhalten. Wer ein eigenes Ich-Selbst entwickelt, bleibt nicht bei sich selbst stehen. Wer genug Ich-Stärke besitzt, vermag über sich hinauszuwachsen in der Zuwendung zum anderen, zum Nächsten und zur Allgemeinheit. Das heißt, man findet dann viele Aufgaben in der Welt. Wer sich hier einbringt, kann auf neuer Ebene sinnvolle Selbstverwirklichung und Beglückung erleben. Wer sich selbst genug ist, lebt nicht in der Ecke einer heilen Welt, vielmehr im Rückzug vor dem Leben.

In der Phase des Individualismus standen individualistische Wünsche ganz oben in der Werteskala. Dabei wurde viel Geltungsbedürfnis und Egozentrik ausgelebt. Diese Zeit neigt ihrem Ende zu, wenn wir auch noch unerfreuliche Auswirkungen davon haben. Es wird immer einige geben, die ihre Individualität zelebrieren, um sich auf diese Weise ein wenig mehr Beachtung zu erhaschen, weil es durch nichts anderes gelingt. Übergänge vollziehen sich immer langsam und fließend.

Die Träumereien und Unbekümmertheiten, die sich nur mit dem eigenen Ich befaßten, werden gestört durch die Bedrohung unserer Gesundheit und unseres Lebens schlechthin. Nur gemeinsame Taten und Lösungen können das retten, was auf die Dauer für uns und unsere Kinder das gesunde Leben möglich macht. Es gibt niemanden, der davon nicht betroffen würde. Die weltweiten Gefährdungen werden von immer mehr Menschen erkannt, und nur gemeinsame Anstrengungen lassen hoffen, daß die anstehenden riesigen Aufgaben gelöst werden. Die anstehenden Probleme können nicht von einzelnen Gruppen oder Völkern gelöst werden. Die Erhaltung von Lebensgrundlagen und auch das Thema „Menschlichkeit" erfordern weltweite Aktionen und Menschen, die sich nicht mehr in Tröstungen verstecken und vor dem, was ansteht, in Träume von der heilen Welt flüchten. Die Not führt zusammen. Dies ist in den Beziehungen von Paaren, Familien und kleinen Kollektiven ebenso zu beobachten wie bei Völkern und Staatengruppen. Dies ist der positivste Aspekt von Bedrängungen und Nöten.

Wer den Weg zu positivem Mitwirken in der Welt nicht findet und sich nicht einzubringen vermag in ein Miteinander im Sinne von sozialen Kontakten und Freude an gemeinsamen, aufbauenden Zielen, ist in unserer Zeit sehr gefährdet. In unserem Jahrhundert wurde nicht nur Umweltzerstörung betrieben, sondern auch Teile unserer Innenwelt zerstört. Umbruch und notwendige Veränderungen wurden allzu radikal vollzogen und häufig das Kind mit dem Bade ausgeschüttet. Gerade bei uns in Deutschland, wo die Erschütterungen und Brutalitäten ganz besonders tobten, entwickelte sich viel Radikalismus. Die Enttäuschungen und Erschütterungen in einer Welt ohne Werte und Ausrichtungen, ohne Grund unter den Füßen, führte gerade bei uns zu extremen neuen Idealisierungen und utopischen Weltveränderungsbewegungen in der linken Szene. Jetzt werden keine Kaufhäuserbrände mehr gelegt, um die Menschen wachzurütteln für die gewünschten Umbrüche. Heute erschüttern uns die Rechtsorientierten mit ihren infantilen Versuchen, sich gegen Überfremdung zu wehren und im kleinen nationalistischen Rahmen eine Identität zu suchen.

Während wir durch die Technik viele Erleichterungen für die Bewältigung der Außenwelt erhalten haben, fehlt den meisten unter uns die hilfreiche Unterstützung, intrapsychisch mit der jetzt vorgefundenen Welt und dem damit verbundenen Leben zurechtzukommen.

Wohlstand schafft noch keine Befriedigung der Seele. Er ist meist teuer erkauft, wenn die einzelnen auch meist nicht wissen, was sie dafür letztlich bezahlen. Wohlstand schafft keine heile Welt und nicht die Ecke befriedigenden Glücks. Das ist eine innere Angelegenheit und hängt mit uns selbst mehr zusammen als mit unserem Geldbeutel.

„Ich kann essen und trinken was ich mag. Ich kann mir eine Menge leisten und erlauben. Ich bin auch nicht einsam, habe Kontakte und sogar einen gewissen sozialen Status .... Aber ich bin zutiefst unzufrieden und finde keine Ecke, wo ich mich richtig wohlfühle für länger als ein paar Stunden." Die Schlafträume und Wachphantasien dieses Mannes zeigten, was ihm fehlte. Trotz vieler wechselnder Partnerinnen und ungehemmter Sexualität hatte er keine Zugehörigkeit, keine Bleibe und kein inneres Zuhause gefunden. Er wußte nicht, wozu er eigentlich auf der Welt war. Zwar funktionierte er prächtig, aber nirgends war er voll mit dem Herzen dabei. Seine Psyche meldete ihm im Traum wichtige Signale, doch wußte er nicht, daß letztlich unsere Innenwelt unser Dasein bestimmt .... Er träumte von einer kahlen Wohnung, ohne Bilder, ohne Gemütlichkeit, ohne Heizung. Alles war grau, kalt und abstoßend. Dies stand in krassem Gegensatz zu seiner äußeren Wirklichkeit und seinem Wohnkomfort. Psychisch lebte er tatsächlich in solcher Grauzone, Kühle und Leere, wie es sein Traum kundtat.

Ein anderer junger Mann gestaltete seinen Lebensraum

nüchtern, metallisch, mit moderner Zweckmäßigkeit. „Die Leute machen sich eine heile Welt zurecht und schwelgen in Gefühlen. Ich will das nicht. Gewiß ist es nicht einfach, konsequenter Realist zu sein, die Welt zu sehen, wie sie tatsächlich ist. Ich will mir nichts vormachen." Was dieser kluge Mensch jedoch nicht wußte, war die Tatsache, daß wir ohne einen Bereich, in dem wir für unser Gemüt Befriedigung erfahren, in dem wir emotionales Angesprochensein und Mitschwingen erleben, langsam aber unaufhörlich verkümmern.

Die fatalen Folgen einer emotionalen Verarmung ist die Zerstörung von Werterlebnissen. Damit wird unser Lebensbereich entleert und hat uns keine Inhalte mehr zu bieten, nichts, in dem wir in unserem innersten Sein uns angesprochen fühlen und Übereinstimmung fühlen können. Wer keine Werte verinnerlichen kann, die für ihn bedeutsam sind, verliert auch das Gefühl für seinen eigenen Wert. In einer wertelosen Gesellschaft ist auch der einzelne nicht von Bedeutung, weil die Fähigkeit, Werte zu erleben, abhanden gekommen ist. Wer sich für nichts zuständig fühlt, für etwas, was ihm lieb und wert ist, verliert auch seine eigene Bedeutung.

Bei allem, was eine Wohlstandsgesellschaft zu bieten hat, leben wir in einer Mangelgesellschaft im Hinblick auf den Wertemangel. Süchte und Eßprobleme nehmen darum in ihrem Ausmaß und in der Intensität in unserer Gegenwart extrem zu. Das regressive Bedürfnis, ohne Spannungen in kontinuierlicher Befriedigung zu leben wie ein Kind, ist Flucht in eine Scheinwelt. Wer sich in die wirkliche Welt einbringt, baut ganz unbewußt seinen eigenen Wert auf. Indem er für die anderen wertschaffend ist, hat er selbst daran teil. Darum sind alle Gestaltungen und Handlungen in ihren Auswirkungen im doppelten

Sinn bedeutsam: für mich selbst und für die anderen. Es geht darum, uns eine „heile Welt" zu bauen durch Erlebnisse, die für uns heilsam sind. Untergründig schwingt dabei immer die Kreativität des einzelnen mit, die in seiner Erlebnisfähigkeit gegründet ist. Es hängt von uns selbst ab, ob und was wir in uns hineinlassen. „Ich spüre die Sonne wieder auf meinem Rücken. Es ist für mich neu zu sehen, wie mich Kinder anschauen. Ich bin nicht mehr isoliert. Früher lebte ich wie unter Glas ...", sagte ein genesener Patient, der wieder lebendig wurde.

Jeder denkende Mensch weiß, daß es keine statische, vollkommene Welt gibt, weil sich Leben in Prozessen von Abbau und Aufbau, von Vernichtung und Erneuerung, Veränderungen und Auseinandersetzungen vollzieht. Der Traum von einer „heilen Welt", in der sich diese Lebensgesetze nicht auswirken, ist infantiles, regressives Wunschdenken. Ich werde an eine Patientin erinnert, die zwölf Jahre verheiratet war und eines Tages gestand, daß sie immer noch auf ihren Märchenprinzen wartete, der sie ins große Glück führen werde. In solcher Grundhaltung konnte sie in keiner Form ihre Gegenwart voll wahrnehmen. Das bedeutet, sich nicht vom Gegebenen anrühren, anstoßen und bewegen lassen. Damit konnte sie auch auf vieles nicht reagieren, weil sie nie ganz im Hier und Jetzt stand. Wer in der Zukunft lebt, hinkt immer in der Gegenwart nach. Leben vollzieht sich aber im Da-sein, im Heutigen. Man kann in die Vergangenheit oder in die Zukunft flüchten. In beiden Fällen versäumen wir die Gegenwart.

Weil wir die Nöte und das Elend in der Welt zuweilen nur mühsam auszuhalten vermögen und auch in uns selbst oft Probleme und Spannungen sind, brauchen wir alle Nischen in unserem Dasein, in denen wir für unser Herz kleine Inseln schaffen zum Ausruhen, Atemholen, um dem Ansturm des Schrecklichen und Aufwühlenden in der Welt wieder begegnen zu können.

Lächeln wir darum nicht über die Versuche, sich Idyllisches zu konstruieren. Akzeptieren wir die Suche nach Glück im Schrebergarten. Gestatten wir uns und den anderen in unserer Wohnung eine Gemütsecke. Lächeln wir nicht über etwas, das manchen vielleicht ähnlich wie Gartenzwerge anmutet. Erlauben wir uns die Freude an den harmlosen Krimis, die uns befriedigen, weil am Ende der Gauner erwischt und alle Lumpen bestraft werden, und natürlich auch der redlich Kämpfende siegt. Es ist der Regenbogen unserer heilen Wunschwelt und das Glücksgefühl, das in uns aufsteigt, wenn wir Gerechtigkeit erfahren, wenn das Gute als gut und das Böse als böse erkannt wird. Wenn dies nicht mehr stimmt, wird nicht nur das Kind in uns verletzt. Auch für den Erwachsenen bedeutet es Erschütterung, wenn sich Destruktives ungehindert realisieren kann, weil hier an die Sinnfrage unseres Daseins gerührt wird.

Gerade darum, weil wir wissen, wie es in der realen Welt zugeht, ist es gut, sich unserer unbewußten Wünsche bewußt zu werden und zu fühlen, daß auch der Vernünftigste solche Wünsche nach Ausgleich und Harmonie oft im Verborgenen und bewußtseinsfern hegt. Es ist immer hilfreich, sich selbst zu verstehen, d. h. auch das in uns zuzulassen, was bei hehrer Vernünftigkeit abgetan werden müßte, zu belächeln wäre. Suchen wir darum nach geschützten Inseln, auf die wir uns zurückziehen können, ohne dabei die Tatsachen der Welt zu verdrängen oder in Kompensationen, Auswege und Ideologien zu verfallen.

Wir wissen, daß es besser ist, betrogen zu werden als zu betrügen. Darauf gründet unser Rechtsstaat und eine gewisse Sicherheit für alle. Wenn wir jedoch nichts tun in der von uns vorgefundenen Welt, haben es destruktive Kräfte allzu leicht. Wer nicht handelt und seine Möglichkeiten entsprechend nicht einbringt, wird mitschuldig. Neben dem Wunsch nach heiler Welt ist im Menschen auch ein immerwährendes Bemühen, das Vorgefundene zu verbessern, Erleichterungen zu schaffen, gegen Not und Mühsal anzugehen. Aus diesen Impulsen heraus schuf der Mensch sich seine Welt und den heutigen Menschen, der sich von seinen frühen Vorfahren gewaltig unterscheidet. Wenn heute viele die Naturwissenschaft und durch sie ermöglichte Technik beklagen, weil sich damit viel Zerstörung eingestellt hat, muß eines klargestellt werden: Es gibt kein zurück. Aber es gibt ein Vorwärts, wenn wir all die entstandenen Irrtümer und Fehlentscheidungen, die uns die Wissenschaftler auch beschert haben, auflösen und mit mehr Erfahrung und verbesserten Erkenntnissen uns und der Welt, in der wir leben, gerecht werden können. Werden wir nicht die Komplizen des Unheilvollen, der unkreativen Schwarzseher! Wer sich mit Heiler-Welt-Haltung vor Auseinandersetzungen, Konflikten und Schwierigkeiten davonschleichen will, ebnet den Weg für alle Gauner und jeglichen Unsinn in der Welt. „Ich verstehe nicht, daß Sie an eine Zukunft glauben ... Sie sind doch auch ein denkender Mensch ..." sagte mir ein junger Mann, der sich über vieles Gedanken machte. Er wußte noch nicht, daß Leben nicht allein übers Denken zu begreifen oder zu fassen ist. Er hatte sich keine heilen Inseln für seine Emotionaltität schaffen können. Mit dem reinen Denken lebte er gegen sich selbst und zerstörte seine emotionale und intuitive Erlebniswelt. Wer gegen sich selbst lebt, wird depressiv.

Das Dennoch und Trotzdem, das immer schon und immer noch im Menschen wirksam ist, läßt uns Zukunft bauen. Sie wird uns auch keine heile, vollkommene Welt bringen, aber eine, in der man leben kann und mit weniger Zerstörung von Lebensgrundlagen.

„Papi, ich mag dich trotzdem ganz arg, auch wenn du immer ins Büro gehst ..." sagte eine Vierjährige zu ihrem Vater. Sie war dabei zu lernen, daß es Wunschbefriedigung nur vorübergehend gibt und konnte dies auf ihre Weise bejahen und akzeptieren. Wer etwas Falsches will, programmiert sich seine Unzufriedenheit und Enttäuschung selbst. Die Balance zu finden zwischen berechtigten und sinnvollen Wünschen und der Lebenswirklichkeit, ist hohe Lebenskunst. Sie hängt nicht vom sozialen Status ab, von Ausbildung oder Bildung, vom Wissen und Haben, sondern ganz schlicht und einfach davon, was für ein Mensch wir sind.

Mit der Wirklichkeit leben

Wer sich den Tatsachen des Lebens stellt, erfährt mehr von der Welt und den Menschen. „Ich lerne jetzt ehrlicher leben mit der Wirklichkeit …", äußerte eine Patientin in der Gruppenarbeit. „Nichts ist phantastischer als die Wirklichkeit", sagte Dostojewski. Wer den Mut und die Freiheit hat, Realität wahrzunehmen, wird dies bestätigen. Die Wirklichkeit überbietet immer des Menschen phantastischste Schöpfungen. Wir sind uns der Fülle und der Vielfalt in der Welt nicht bewußt, weil wir immer nur Ausschnitte davon erkennen. Die unendlichen Variationen und die unzählbaren Gestaltungen schon allein im Bereich der Materie sind überwältigend. Bei einer großen Eiche mit ihren Tausenden von Blättern finden wir nicht eines, das in seiner Beschaffenheit einem anderen genau gleich ist. Die Handlinien von Menschen sind in solchem Maße individuell, daß wir auf der ganzen Erde keine identische zweite Hand finden können.

Wenn sich auch in Lebensläufen und psychischen Entwicklungen bei den Menschen Ähnlichkeiten finden, so bleibt doch die Individualität des einzelnen immer gewährleistet. Jeder ist einmalig, von seinem Erbgut her und auch von seiner Lebenssituation, die ihn prägt. Im psychischen Bereich sind die Unterschiede im Detail noch viel differenzierter als in dem Sektor des Sichtbaren. Schicksal, Lebensweg und Individualität des einzelnen Menschen zeigen nur bei oberflächlicher Betrachtung Ähnlichkeiten. Darum ist auch die Psyche und die Gesamtpersönlichkeit letzten Endes nur in Teilbereichen und niemals im Ganzen wissenschaftlich einzufangen. Es ist gut, wenn sich die Psychologen dessen bewußt sind.

Oft wundern sich Menschen darüber, wie verschieden sich Kinder aus derselben Familie entwickeln und wie ihre Lebenswege ganz entgegengesetzt verlaufen. Nicht allein die Ungleichheit im Erbgut, sondern auch die vorgefundene Familiensituation, in die jemand hineingeboren wird, ist bei jedem Kind anders und löst darum entsprechend verschiedene Reaktionen aus. Während sich das eine Kind mit dem – nehmen wir ein Beispiel an – aktiven, dominierenden Vater identifiziert, kann das andere sich mit der stillen, passiven und zur Nachgiebigkeit neigenden Mutter verbünden und sie zum Leitbild erwählen. Wie solche grundverschiedenen Frühprägungen dann ein Leben gestalten und was daraus folgend sich entwickelt, hat seine eigene Logik. Ein anderes Kind nimmt den Großvater oder eine andere Beziehungsperson als Leitbild.

Nicht allein die Grundbestimmungen von den entsprechenden Vorbildern, auch die Verhaltens- und Reaktionsweisen werden übernommen und in die werdende Persönlichkeit transponiert. Wir verinnerlichen eine Menge von dem, was um uns herum sich vollzieht und vorgelebt wird. Darum war es ein bedeutsamer Schritt in der Pädagogik, als man erkannte und auch formulierte, daß Vorreden und Dozieren weder bei Kindern noch bei Erwachsenen zu den gewünschten Ergebnissen führt. Aber was vorgelebt wird, hinterläßt schon in der frühen Kindheit seine Spuren und gibt Prägungen.

Frau S. reagierte auf die fortwährenden Affairen ihres Mannes und auf seine Lügereien mit depressiver Verstimmung. Als ihre in diesem Zusammenhang ständig verdrängten Aggressionen einen gewissen Grad und entsprechende Intensität erreicht hatten, meldeten sich Ängste verschiedenster Art: Die Angst zu versagen, Existenzängste, Verlassenheitsängste. Diese führten sie schließlich in eine psychotherapeutische Behandlung. In der Aufarbeitung der an Aktualität zunehmenden Bedrohung und Erkrankung ging es vordergründung zunächst darum, daß die Patientin ihre Ängste loswerden wollte. Der Tiefenpsychologe weiß aus der Erfahrung seiner therapeutischen Arbeit heraus, daß nicht das Verschwinden des Angstsymptoms schon eine Heilung bedeutet. Der Kranke ist sich der hinter den Symptomen stehenden auslösenden Zusammenhänge und Dysfunktionen nicht bewußt. Er weiß auch nicht, wie leicht bei geringsten Belastungen – und das Leben bringt immer wieder Belastungen – all das wieder in Erscheinung tritt, was nicht ausgeheilt und lediglich auf Symptomschwund gesetzt wurde. Nicht selten vollzieht sich dann ein Symptomwechsel, was der Laie oft als Heilung interpretiert. Das verschwundene Krankheitsgeschehen schlägt sich über kurz oder lang dann als eine neue Erkrankung mit ganz anderen Symptomen, die sich auch im Leiblichen ausdrücken können, nieder. Welcher Laie denkt schon an seine früheren Ängste und seelischen Nöte, wenn er plötzlich asthmatische Anfälle oder Gallenkoliken bekommt. Die heutige Medizin hält viele rein körperliche Interpretationen für alles bereit. Daß die Physiologie unseres Körpers, z. B. der Stoffwechsel, sich auch im Bereich der Psyche niederschlagen kann, wird allgemein

akzeptiert. Der umgekehrte Vorgang, daß die Seele Phy-
siologie und Substanzen und, um bei unserem Beispiel zu
bleiben, den Stoffwechsel verändern kann, ist für viele
noch nicht denkbar. Solch platter Materialismus ist wissen-
schaftlich längst überholt.

Frau S. hatte jedoch genug Krankheitseinsicht und Ge-
spür für psychologische Zusammenhänge, die sie in ihrem
Lebensweg im Verlauf der Therapie erkennen konnte. In
ihren Träumen und ihren zunächst ganz unbewußten Äu-
ßerungen wurde deutlich, daß sie schon von klein auf sehr
viel Mitleid hatte mit ihrer vom Vater, einem jähzornigen,
autoritären Mann, unterdrückten und geplagten Mutter.
Früh schon hatte sie sich mit der Mutter identifiziert. Kin-
der stehen häufig auf der Seite des Schwächeren, weil sie
selbst real auch in der Rolle deren leben, die nicht das
Sagen haben. Jedoch ist die Identifikation mit dem
Schwächeren keineswegs selbstverständlich. Es gibt viele
kleine Mädchen, die früh den Schluß ziehen, daß man am
Beispiel einer unterdrückten und verängstigten Mutter
sieht, wie wenig man als Frau zu sagen und zu bestimmen
hat. Sie erfassen das Schicksal solcher Frauen und ihren
geringen Stellenwert in der Wertrangigkeit. Darum erwäh-
len sie auch einen als negativ erlebten Vater als Vorbild und
eignen sich viel von seinen Verhaltensweisen an, um nicht
in das Elend von weiblichem Masochismus zu geraten.
Solche Wahl der Vateridentifikation führt zur Verinnerli-
chung männlicher Introjekte. Mädchen dieser Prägung
können ihr eigenes weibliches Geschlecht nur schwer an-
nehmen. Freilich hat sich die leidgeprägte und wehrunfä-
hige Mutter, die auch von geringem Selbstwert und Selbst-
schutz gezeichnet ist, als Vorbild und zur Nachahmung
nicht geeignet. Mädchen brauchen Mütter und weibliche
Beziehungspersonen, die als Frau bejaht werden können.

Frau S., von deren Ängsten wir sprachen, hatte sich

über die Beziehung des gemeinsamen Leidensweges zur Mutter in die Überangepaßtheit begeben. Damit wurde auch der psychische Verarbeitungsmechanismus der Mutter und übrigens auch der Tante, der Schwester der Mutter, übernommen und praktiziert. Beide litten unter depressiven Reaktionen bei Belastungen und Lebensproblemen. Sie entwickelten ebenfalls Ängste. Oberflächlich betrachtet könnte man in solchem Fall von einer ererbten Prägung sprechen. Der Gegenbeweis kann jedoch belegt werden: Frau S. hat nach der Aufarbeitung der Mutter-Introjekte, der verinnerlichten Verhaltens- und Reaktionsweisen ihrer Mutter, andere und neue Formen der Beantwortung dessen, was auf sie zukam, erlernt und realisiert. Sie lernte zu handeln, sich selbst zu schützen und ihr Leben täglich mitzugestalten. Damit verschwanden ihre Ängste und die depressive Grundstimmung. Wer über viele Jahre hin das Leben von einstigen Kranken verfolgt, wird nach tiefgreifenden Aufarbeitungsprozessen und nach der Auflösung übernommener frustrierender Haltungen auch nach 20 Jahren keine Rückfälle feststellen. Der Bruder von Frau S., der vom Vater als Rivale betrachtet und darum entsprechend bekämpft worden war, identifizierte sich ebenfalls mit der Mutter und war durch die brutale Art der väterlichen Männlichkeit abgeschreckt. Auch er hatte Schwierigkeiten, sein eigenes Geschlecht anzunehmen. Er unterzog sich jedoch keiner aufdeckenden und aufarbeitenden Therapie seiner Beschwerden und wurde darum auch nicht von seinen psychosomatischen Leiden und Beschwerden befreit. Seine negativen Introjekte behinderten seine Entwicklung und auch die Entfaltung seiner Begabungen. All dies wirkte sich wiederum auf seine eigene Familie verhängnisvoll aus, indem durch ihn neue gefährliche Identifikationsmöglichkeiten vorgelebt wurden.

Die akuten Ängste der Frau S., die auch ihre Ängste aus der frühen Kindheit wieder aktiviert und sich immer intensiver und dringlicher gemeldet hatten, sind im Grunde als vitale Äußerung und kreativer Prozeß biologischen Geschehens zu verstehen. Frau S. setzte all ihren Mut, ihre Durchhaltefähigkeit und Tapferkeit zu neuen Gestaltungen und Umwandlungen ein, während ihr Bruder alle Kräfte dazu verbrauchte, mühselig jeden Tag zu bestehen.

Es gibt Familien, in denen ein Kind sich mit dem bestimmenden Vater identifiziert, ganz unabhängig vom eigenen Geschlecht. Es ahmt schon früh Verhaltens- und Reaktionsweisen des Vater-Leitbildes nach und verhält sich gegenüber den anpassungsbereiten und leidensgewohnten Geschwistern wie auch der Mutter gegenüber ähnlich wie der tonangebende und bestimmende Vater.

Identifikationen und damit verbundene Introjektionen sind die Verinnerlichungen von vorgelebten Verhaltensweisen und Grundeinstellungen. Es sind früherlernte und sehr nachhaltig wirksame Reaktions- und Gestaltungsweisen, die unser Dasein bestimmen und unseren Lebenslauf prägen. Das Verinnerlichte gibt nicht nur das Verhaltensschema an, es entscheidet auch über die Auswahl von dem, was wir von der Welt wahrnehmen und wie wir dies betrachten und werten, also einordnen, und was wir daraus machen. Wir sind uns im allgemeinen nicht bewußt, wie sehr wir von solcher Subjektivität geprägt sind, d. h. von unserer jeweiligen Bewußtseinsverfassung. Jeder sieht und erlebt die Welt und den anderen Menschen anders, nämlich aus seiner eigenen Gewordenheit heraus.

Unsere eigene Wesensart wirkt nicht nur hinaus in die Welt, setzt sich nicht nur im anderen Menschen fort, sondern bestimmt auch all das, was wir aufnehmen, wahrnehmen und in uns hineinlassen. Je mehr Fremdbestimmung uns prägt, umso weniger kommen wir zu eigenen und ganz persönlichen Erlebnissen. Dem Vorurteilslosen und dem Menschen ohne vorgeprägtes Erlebnis- und Reaktionsschema öffnet sich die Welt und alles, was ihm begegnet, in größter Vielfältigkeit und damit mit unendlichen Chancen. Unser ureigenstes Wesen zu verwirklichen vollzieht sich im Ineinanderwirken von Angeborenem und Erworbenem. Dieser Prozeß beginnt schon in der frühen Kindheit. Die Einengung durch Fremdprägungen werden dem heutigen Menschen immer bewußter. Ich bin erstaunt, wieviel Wissen hiervon vorhanden ist bei Menschen, Männer und Frauen, die bisher ganz gut im Leben zurechtgekommen sind und sich doch melden, um ein Stück Traumarbeit und Abklärung für die eigene Entwicklung zu suchen.

Die Subjektivität erklärt sich aus unseren vorausgegangenen Prägungen, die oft so weit gehen, daß die Wirklichkeit nur in sehr eingeengter Weise aufgenommen werden kann.

Wie verschieden die Wahrnehmungen und damit auch die entsprechenden Beurteilungen und Stellungnahmen sind, erklärt sich dadurch. Es läßt immer wieder erstaunen, wenn man Schilderungen eines Unfalls, einer Streitsituation oder eines wichtigen Vorgangs von verschiedenen Zuschauern oder Beteiligten hört. Man könnte oft glauben, daß es sich nicht um dasselbe Ereignis handelt. Weil unsere affektive Beteiligung immer mitspielt, nehmen wir schon ganz unterschiedliche Sachverhalte wahr. Aber auch bei weniger erregenden Vorgängen, wie z. B. einer Wanderung, zeigen sich bei Schilderungen, wieweit die Erlebnisse differieren.

Durch was wir uns anrühren lassen, was wir als Wahrnehmung in uns hineinlassen, wie wir auf dies oder jenes reagieren, all dies ist eine gültige Aussage über uns. Wer die Traurigkeit eines anderen, die Hilflosigkeit eines Menschen oder Tieres, die Not und Hilfsbedürftigkeit eines anderen Wesens nicht zu fühlen vermag, zeigt damit, in welchem Maße er in sich selbst befangen und wie wenig begegnungsfähig er ist. Sensibilität, die man nur sich selbst gegenüber anwendet, ist neurotisch begrenzte Feinfühligkeit. Jedes Verhalten hat viel verzweigte Zusammenhänge, Konsequenzen und Folgeabläufe. Wer in der Begegnungsfähigkeit eingegrenzt ist, erfährt nicht die Förderung durch den Kontakt mit anderen, den wir brauchen, auch wenn wir dies nicht wissen und nicht wahrhaben wollen. Wer sich selbst genug ist, weiß nicht um seine Bedürftigkeit. Die eingeengte Erlebnisbasis läßt den Menschen auch für andere im sozialen Bereich, sei es als Partner, Freund, Kollege oder auch als Vater oder Mutter unergiebig und steril werden als Beziehungsperson. Die damit verbundene emotionale Verarmung führt hin zum Gefühlskümmerling oder gar Gefühlskrüppel.

Ein uns allen bekanntes Beispiel subjektiver Befangenheit erleben wir im Verliebtsein. Hier wird der andere nicht wahrgenommen, wie er wirklich ist. Die eigenen Wunschbilder und Phantasiebedürfnisse, das Verlangen nach Ergänzung und Heilsein werden auf ihn projiziert. Wir dichten sie ihm an. Darum sagt man auch, daß Verliebtheit blind macht. In diesem Zusammenhang ist auch zu sehen, daß viele es lieben, über Verliebte und ihre mehr oder weniger ausgeprägte, totale oder partielle Irritation in der Wahrnehmung des andern zu lachen, zu spötteln, zu lächeln. Sie wollen damit vor sich selbst und vor den anderen kundtun, über solche irrealen Sichtweisen hinausgewachsen zu sein. Der Genuß des Verliebtseins ist das Schwelgen in Projektionen und Scheinbefriedigungen unserer inneren Wünsche und Sehnsüchte, die unter Umständen auch Suchtcharakter annehmen können. Mit Liebe hat dies nichts gemeinsam. Darum führt es immer zu Enttäuschungen, wenn Verliebte im Laufe der Zeit im Zusammenleben zwangsweise mit dem wirklichen Menschen, der hinter den großen Erwartungen steht, sich auseinandersetzen müssen. Enttäuschung heißt, sich von einer Täuschung lösen. Dies ist im allgemeinen ein schmerzlicher Prozeß, der uns unseren Mangel an Wahrnehmungs- und Erkenntnisfähigkeit, oft auch Instinktlosigkeit vor Augen führt. Nur wer daraus lernt, kann Enttäuschung bejahen.

Oft sind es kleine und meist nicht bewußt erkannte Aufhänger, die Projektionen auslösen und verborgene, ebenfalls unbewußte Erwartungen und Wünsche aktivieren. Wer aus der Rücknahme und Auflösung von Projektionen, aus der erlebten Enttäuschung nichts lernt, keinen bewußten Erkenntnisprozeß einleitet, wird in oft merkwürdigen Variationen immer wieder ähnliche Abläufe erleben, obwohl äußerlich alles ganz anders zu sein scheint. „Er ist wie die andern ..." die Schmerzen zugefügt, mich enttäuscht haben. In Wirklichkeit hat diese Frau immer dieselben Projektionen auf Freunde geworfen und nicht gelernt, der Wirklichkeit des anderen zu begegnen.

Herr P. verliebte sich in eine junge Frau, die er auch bald heiraten wollte. Er war sich in seiner Entscheidung ganz sicher, obwohl er diesen Menschen noch nicht lange kannte. Später erzählte er, daß diese Partnerin die gleichen Fingernägel wie seine sehr geliebte und geschätzte Mutter hatte. Dies wurde zum Signal, um auf diesen Menschen das ganze kindliche Vertrauen, das er seiner Mutter gegenüber hatte, zu übertragen. Natürlich war er sich dieser Zusammenhänge in keiner Weise bewußt. Er hoffte, in dieser Verbindung all das Beglückende, das er in seiner

Kindheit über seine Mutter erfahren hatte, wiederzubekommen. Da er trotz seiner vierzig Jahre unbewußt noch stark mutterfixiert war, suchte er aus dieser inneren Prägung heraus bei Frauen immer nach Signalen, die in irgendeiner Weise auf die Muttererlebnisse hinwiesen. In solch seelischer Disposition können es der Gang, die Stimme, das Lachen oder ganz andere Details sein, die eine Kette von Zusammenhängen ins Rollen bringen und Reaktionen auslösen. Natürlich könnte man bei manchen Signalen sagen: Wer so geht oder so lacht wie meine Mutter, hat aller Wahrscheinlichkeit nach auch etwas von dem dazugehörenden Wesen. Das kann man so gelten lassen, jedoch müssen wir hinzufügen, daß sich in solchen Merkmalen nur Teile der Persönlichkeit ausdrücken und die Gesamtpersönlichkeit meilenweit vom Urmodell abweichen kann.

Herr P. war darum noch Junggeselle und von vielen Beziehungen enttäuscht worden, weil er noch nicht frei und offen war und ihm die Bereitschaft fehlte, einen ganz neuen Menschen in seine innere Nähe treten zu lassen, ohne Ähnlichkeit mit seinen zurückliegenden positiven Erfahrungen. Im Grunde nahm er nur wahr, was er schon kannte, mit dem er sich vertraut fühlte und das er eben darum suchte. Er fürchtete sich vor dem ganz anderen und Neuen. Darum vermochte er sich der Wirklichkeit andersartiger und neuartiger Begegnungen nicht zu stellen. Aus diesem Grund brach er mehrere Beziehungen zu Frauen ab, die für ihn zu bedeutsamen Partnerinnen hätten werden können. Seine Furcht vor Neuem war größer als seine Bedrängnis durch sein Alleinsein. In seinem sonstigen Leben verhielt er sich nicht so. Er konnte sich leicht neuen Situationen stellen und etwas anpacken. Als Diplomingenieur war er aufgeschlossen für Neuerungen und Veränderungen am bisher Erreichten. Trotzdem wirkte sich seine *infantile Fixierung in seinem Leben mit der Zeit negativ aus. Obwohl er im Studium und Beruf gute Erfolge aufzuweisen hatte, blieb er ein unzufriedener, unbefriedeter Mensch, der immer noch auf der Suche war und von unbewußter Sehnsucht geprägt wurde nach der Fortführung seiner fixierten Kindheitsbedürfnisse, die ihn von einer Beziehung und einer Ent-täuschung in die nächste führten. Herr P. erkannte nicht, daß seine liebevolle Mutter ihn in gewisser Hinsicht mißbraucht hatte, indem sie ihren ersten Sohn, ohne sich dessen bewußt zu sein, als männlichen Partnerersatz nahm für den Ehemann, der viel auf Reisen war und auch nicht die weiche sensible Hingabefähigkeit hatte wie sein kleiner Sohn. Von ihm erhielt sie die Zärtlichkeiten, die ihr fehlten und die sie beim Partner nicht zu entwickeln und auszulösen vermochte. „Du bist mein Bergkristall ...", sagen kleine Jungen zu ihren Müttern, oder „Von allen Frauen auf der ganzen Welt bist du mir die Liebste ..." „Du bist schöner als Schneewittchen und viel gescheiter..." Solche Intensität der Zuwendung, verbunden mit der Begabung zum Verbalisieren ist Balsam auf die Seele der Mütter, die zu wenig an Zärtlichkeit und Bestätigung vom Partner erfahren. Kinder leiten dann Ersatzbefriedigungen ein und Bindungen, die dem Wesen der kindlichen Entwicklung nicht gerecht werden.*

Herr P. entwickelte als differenzierter Mensch schließlich Zweifel an sich selbst. Glücklicherweise war er hierzu fähig und schob nicht alles Versagen seinen Partnerinnen zu. Seine Frustrationen in seinem Privatleben führten schließlich zu Unsicherheit in seinem Selbstwertgefühl. Als sich dies in seinem beruflichen Feld auch bemerkbar machte, suchte er mit fachlicher Hilfe die tieferen Zusammenhänge zu ergründen. Immerhin hat er aus psychologischen Büchern gelernt, nicht nur die anderen zu psychologisieren, sondern auch sich selbst in Frage zu stellen, mit dem Wunsch, sich selbst in seinen unbewußten Prägungen besser kennenzulernen. Die Kompensation durch intensives und gelungenes Berufsleben hielt nicht lange vor, weil ein wichtiger Teil seines Wesens unbefriedigt blieb und nicht gelebt werden konnte. Als ihm einige Zusammenhänge durchschaubar waren, lernte er, sich seiner Mutterfixierung nicht zu schämen, vielmehr seinem kleinen Jungen in sich beizustehen, ihn aus seiner Angst herauszuführen. Er sprach von seinem kleinen Ralph, der sich ewige Kindheit ertrotzen wollte. Die Freundschaft zwischen den beiden brachte die Nachreifung in Gang.

Wie schwer wir uns alle damit tun, unsere verborgenen kindlichen Bedürfnisse nach archetypischen Vater- und Mutterbildern zu befriedigen, sehen wir daran, daß es vielen Erwachsenen nicht oder erst sehr spät gelingt, Vater und Mutter in ihrer Realität zu sehen, mit ihrem eigenen Schicksal, positiven und negativen Eigenschaften oder auch Eigenheiten. Wenn wir der Erkenntis ausweichen, daß sie uns nicht immer Autorität bleiben können oder auch nicht immer sein konnten, versuchen wir ein Stück Wirklichkeit zugunsten unserer Wünsche zu verleugnen. Autoritätsansprüche an Eltern und von Eltern müssen um der Entwicklung zur Selbständigkeit und Mündigkeit willen aufgegeben werden. Dafür kann dann auch eine neue Beziehung zwischen erwachsenen Menschen entstehen, wenn auf beiden Seiten etwas dazugelernt wird. „Mein Sohn und meine Schwiegertochter leben ganz anders als ich mir das wünschen würde und für richtig halte. Ihre Haushaltsführung ist ein einziges Gewurstel. Manchmal denke ich, daß sie sich ganz gut zurechtwursteln und auch dazulernen … Auf alle Fälle habe ich durch entsprechende deutliche Anstöße dieser beiden gelernt, mich herauszuhalten. Ich kann das jetzt ohne darunter zu leiden. Das finde ich von mir selbst ganz großartig, weil dies wenige in meinem Alter in der Rolle der Mutter, Schwiegermutter oder Großmutter zuwege bringen. Darum klopfe ich mir manchmal anerkennend auf die Schulter." Wir können ohne Sorge sein, denn hier wird sich alles zum Guten wenden.

Es ist immer ein schmerzlicher Reifungsschritt, wenn Projektionen zurückgenommen werden müssen, ganz einerlei ob es in der Verliebtheit, in den Elternbeziehungen, in den Beziehungen zu den Kindern oder wo auch immer sich als notwendig erweist. Dies gilt auch für die Auflösung von projektiven Vorstellungen gegenüber dem eigenen Ich-Selbst. Wir hätten alle gerne einen großartigen Vater und eine Idealmutter, weshalb es uns schwerfällt, unsere Eltern als das zu sehen, was sie wirklich sind: Menschen wie andere auch, die einer anderen Generation und Zeitprägungen angehören, mit liebenswerten Zügen und auch mit Eigenschaften, die uns nicht gefallen, unter denen wir unter Umständen sogar zu leiden hatten. Die Schwächen und Unzulänglichkeiten klar zu erkennen, bedeutet nicht, daß wir sie bejahen sollten, es ist auch keine Verurteilung. Es geht ganz schlicht darum, die Realität dieser Menschen und den damit verbundenen Zusammenhang zwischen mir und ihnen wahrzunehmen.

Wenn wir dies zu erkennen gelernt haben, andere in ihrer nicht immer erfreulichen Wirklichkeit ertragen und hinnehmen können, ohne uns von ihnen bedrängen zu lassen, vermögen wir auch uns selbst gegenüber verständnisvoller zu sein, toleranter zu werden, ohne uns von einem Ich-Ideal oder Ideal-Ich tyrannisieren zu lassen. Erwachsen werden heißt Projektionen zurücknehmen und bereit werden für die Wirklichkeit. Das bedeutet, sie annehmen und mit ihr umgehen lernen, nicht mehr die Realität an dem messen, wie wir meinen, daß sie sein sollte.

Es geht also darum, der Wirklichkeit unseres Lebens nicht auszuweichen. Frau N. ist fünfundvierzig Jahre alt. Sie ist immer unzufrieden mit sich selbst, ganz unabhängig von dem, was ihr gelingt. Objektiv besteht hierzu kein Grund, denn sie hat im privaten wie auch im beruflichen Bereich vieles zuwege gebracht, worüber sie sich freuen könnte, was auch die anderen an ihr anerkennen und schätzen. Sie selbst vermag dies aber nicht wahrzunehmen. Seit ihrer Kindheit wartet sie darauf, von ihrem Vater Anerkennung zu erfahren, eine positive Stellungnahme, etwas wie Einverständnis mit ihr als Mensch zu erleben. Sie geht nun mit sich selbst in derselben Weise um, wie sie es von ihrem Vater aus den langen Kindheits- und Jugendjahren kennt, nämlich nichts ist der Anerkennung wert. Ihre ungestillten, menschlich sehr verständlichen Kindheitsbedürfnisse, die Erfahrung, nicht als Mensch wahrgenommen worden zu sein, führten schon von klein auf zu einem fortwährenden Werben und Bemühen mit allen Mitteln und Anstrengungsbereitschaft, mit dem Einsatz aller Kräfte Beachtung zu erreichen. Aus solchen Erwartungshaltungen heraus konnte sie nicht die Realität dieses Vaters wahrnehmen und aushalten! Er ist ein zutiefst mit sich selbst Zerstrittener, an sich selbst Zweifelnder, der in seiner Gestörtheit durch Kritiksucht und Liebesunfähigkeit alles um sich herum abwertet, in negativistischer Weise analysiert und herabsetzt, um sich selbst damit aufzuwerten. Sicher läßt sich aus der Lebensgeschichte dieses Mannes einiges ableiten, lassen sich Auslöser solch zerstörerischer Tendenzen finden. Verstehen ist noch keine Entschuldigung, ebenso wie Nichtverstehen keine Verurteilung bedeutet. Psychologische Zusammenhänge bedeuten nicht, daß die Folgen zwingend in solch negativer Weise verbreitet und umgesetzt werden müssen. Mitleid mit diesem Vater wäre für Frau N. zunächst kein Weg zur Befreiung in die eigene

64

Entwicklung. Die Trauer und auch eine gesunde, vitale Wut über all das, was ihr durch diesen Menschen angetan worden ist, kann nicht umgangen werden. Diese seelische Aufarbeitung erfordert den ganz persönlichen Einsatz, die Stellungnahme aus dem eigenen Loben und Erleben heraus. In dem Mitleid würde in diesem Falle eine Objektivierung stattfinden, die eine notwendige Trauer- und Wutarbeit zu umgehen trachtet. Mitleid zu haben umgeht die tiefere Auseinandersetzung und Abklärung. Es steht nicht im Widerspruch zum christlichen Gebot der Nächstenliebe. Dies ist ein Geschehen von Mensch zu Mensch, das erst nach der subtilen Auseinandersetzung, nach der geleisteten Trauer und der vitalen Reaktion der Wut sich entwickeln kann. Als Psychotherapeut habe ich viele Menschen erlebt, die in süßem Mitleid und in Reife vortäuschendem Scheinfrieden all das verdrängt haben, was sie schließlich krank und elend werden ließ. Zum Menschsein gehört Konfliktbewältigung. Dies bedeutet Auseinandersetzung und Abklärung.

Mit der Realität leben lernen erlaubt uns keine Ausweichmanöver. Frau N. hat erst über die Erkenntnis der schwachen Persönlichkeit ihres Vaters und seiner destruktiven Neurotik erkannt, daß er untauglich ist, als Maßstab und Autorität genommen zu werden. Es gibt Kinder, die dies schon früh ahnen und unbewußt sich anders ausrichten. Frau N. hat diesen Weg umso schwerer gefunden, als auch ihre Mutter und ihr Bruder ihr als jüngstem Kind die falsche Einschätzung und das Ernstnehmen der schwer gestörten väterlichen Persönlichkeit vorgelebt haben. Hinzu kam die fehlverstandene Vorstellung, daß es Pflicht der Kinder sei, einen Vater zu lieben, als ob lieben nicht etwas viel Tiefgründigeres und Ernsteres wäre.

Der Destruktivität der sich überlegen gebärenden Kritiksüchtigen kann man entgehen, wenn man sie in ihren verborgenen Bedürfnissen und ihrer Lüge den anderen und sich selbst gegenüber durchschaut. Die Armseligkeit der Besserwisser und die damit verbundene Beziehungs- und Lieblosigkeit wird von manchen bis in den Todeskampf hinein fortgesetzt.

Es ist ein Zeichen psychischer Gesundheit, wenn wir Realität erfassen können und ihrer Wahrheit nicht ausweichen müssen durch Beschönigungen, Tröstungen und durch Projektionen. „Erst seit ich meinen Sohn nicht mehr so haben möchte, wie es meinen Wünschen entsprechen würde, komme ich ganz gut mit ihm aus. Nun sehe ich erst seine Qualitäten, sehe seine ganz anderen Möglichkeiten ..." Wer sich den Tatsachen stellt, erfährt viel von der Welt und von anderen Menschen. Hierzu gehört auch, in seine Kinder nichts hineinzudichten, hineinzuwünschen und egoistische Erwartungen zu pflegen, seine Wunscherfüllung durch den anderen zu suchen. Vater und Mutter sein heißt, dann beistehen zu lernen, damit Kinder das werden und entwickeln können, was sie zu sich selbst führt.

Die Wirklichkeitsflucht führt uns zu vielen Versäumnissen. Wer nicht da ist im Hier und Jetzt, sondern in den Gefilden der eigenen Wünsche und Erwartungen verweilt, wird von seinen Ängsten und seiner Abwehr gegenüber der Welt und dem Menschen geprägt. Manche sind auf der Flucht vor dem, was wirklich ist. Dies führt zu einer sich stets fortsetzenden Kette von Ausflüchten und Abkehr von dem, was uns fordert und herausfordert. Dies drängt unbemerkt zu immer mehr Einengung und schließlich zur Verarmung an gelebtem Leben. Wer nur Angenehmes und risikoloses Behagen sucht, dringt nicht durch zu dem, was hinter den Dingen und Ereignissen steht, nämlich zu jener Klarheit und Wirklichkeit, die wir in ihren Tiefen und Höhen erst zu verstehen lernen müssen. Wer in diesem Lernprozeß lebendig bleibt, dem wächst vieles zu.

Die junge Frau M. hatte schon zwei Selbstmordversuche hinter sich, die meist appellativen Charakter hatten. Sie sollten die anderen, ihre Eltern vor allem, aufrütteln, ihrer Tochter gegenüber sich anders zu verhalten, sie wahrzunehmen. Als sie sich nun zu einer psychotherapeutischen Behandlung anmeldete, formulierte sie ihre Motivation hierzu in folgenden Worten: „Ich habe gemeint und in der Erwartung gelebt, die anderen würden sich ändern, weil ich das Zusammenleben mit ihnen nicht ertragen konnte. Es blieb aber immer alles beim alten. Meine Eltern bevorzugten wie eh und je ihre beiden Söhne, und ich bin anstandshalber geduldet. Man kann mich ja schließlich nicht umbringen. Vielleicht habe ich ihnen das abnehmen und mich selbst beseitigen wollen. Ich bin nun soweit gediehen, die Realität meiner Familie zu sehen und weiß, daß hier für mich nichts zu erwarten ist. Aber ich will nun mein eigenes Leben suchen. Ich will nicht mehr davonlaufen, weil ich von diesen vier Menschen nicht angenommen worden bin. Ich möchte nun lernen, das Leben auszuhalten. Helfen Sie mir, mich von der Abhängigkeit von meiner Familie zu befreien. Sie ist für mich nicht mehr der Maßstab für meinen eigenen Wert. Ich will leben lernen. Dazu brauche ich Hilfe ... "

Es gibt vieles, dem wir lieber nicht begegnen würden, nämlich Krankheit, Leid, Schmerzen und Not. Auch hier geht es darum, uns vor oberflächlichem Trost und vor Verdrängung zu retten. Wer nicht weiß und auch nicht mit dem Herzen weiß, daß Kummer und Sorgen zum menschlichen Dasein gehören, hat nicht viel vom Leben begriffen und erkannt. Leid und Schmerzliches sind Teil unseres Lebens, und es ist uns aufgegeben, dies annehmen zu lernen. Hierzu gehört auch noch die Auseinandersetzung mit dem Sterben. „Omi, wieviele Sommer bist du noch da …" fragte mich mein kleiner Enkel. Seine nicht viel ältere Schwester fand diese Frage zu direkt und suchte die Tröstung. „Die Omi ist noch tausend Sommer da …" Kinder dürfen in der Fülle der Möglichkeiten schwelgen. Der erwachsene Mensch nicht. Vieles wird kostbarer, wenn wir wissen, daß das Hier und Jetzt schon morgen oder in Kürze anders sein kann, weil alles Leben ein Wandlungsprozeß ist, in dem auch das Abschiednehmen, Loslösung und Sterben inbegriffen ist.

In unserem Jahrhundert hat der Mensch gewaltige Schritte getan in der Beherrschung der Materie. Dies konnte jedoch seine Destruktivität nicht bremsen, vielmehr kam sie im Wahn der Allmachtsgefühle und -ansprüche voll zum Durchbruch. Der Omnipotenzrausch und die Vorstellung, daß alles machbar ist, führte zur Verleugnung dessen, was nicht zu manipulieren ist. Die Verdrängung dessen, was vom Menschen nicht zu steuern ist, was seine Allmachtsphantasien und Selbstherrlichkeit kränkt, ist eine Flucht vor der Lebenswirklichkeit.

Wer sich mit der Realität befaßt, lernt ehrlicher, auch wahrhaftiger gegenüber sich selbst zu sein, wird sich immer weniger vormachen, sich weniger selbst belügen und damit auch den anderen offener begegnen. Sigmund Freud sagte einmal, daß wir daran erkennen können, ob wir neurotisch oder seelisch gesund sind, wie wir uns der Wirklichkeit stellen, wie wir sie wahrnehmen, sie aushalten und mit ihr umgehen können.

Verwöhner und Verwöhnte

Wenn man Menschen darüber befragt, was sie unter Verwöhnung verstehen und eine Definition formuliert werden soll, geraten die meisten in Schwierigkeiten. Die Maßstäbe über das, was als Verwöhnung bezeichnet wird, klaffen weit auseinander. Die einfachste Form von Verwöhnung vollzieht sich im materiellen Bereich. In unserem Wohlstandsleben ist es viel leichter, Zuwendungen mit etwas zu betreiben, was man kaufen kann, was mit Geld zu bezahlen ist, als die Zuwendung mit etwas zu vollziehen, was nicht käuflich ist. Ob es sich um den Liebhaber handelt, der mit teuren Geschenken aufwartet, um die Eltern, die ihre Kinder mit Taschengeld und materiellen Wunschbefriedigungen überschütten, oder um die Großeltern, die mit schädlichem Süßkram beglücken wollen, alle rechnen sie im Grunde und natürlich „ganz unbewußt" damit, über solche Formen des Gebens den anderen zu gewinnen, für sich selbst Pluspunkte zu bekommen und die Zuneigung des anderen zu erkaufen. Keiner will sich in vollem Bewußtsein eingestehen, daß er auf solcher Ebene Beziehungen aufzubauen pflegt. Natürlich kennen wir alle die Argumente, dem anderen ja „... nur eine Freude machen zu wol-

len ...". Zeit füreinander zu haben und die Fähigkeit zu
Gesprächen mit persönlichen, offenen Aussagen sind jedoch viel geeigneter, den anderen auf sich aufmerksam
zu machen, zu sich hinzulenken. Dies gilt für Liebende
wie für die Eltern-Kind-Beziehung. Den Enkelkindern
eine Geschichte mitzubringen, macht beliebter, weil dies
andere kindliche Bedürfnisse abdeckt und niemals Schaden anrichten kann, wenn die Geschichte altersgemäß
ist.

Wir tun vieles, ohne darüber nachzudenken, was die
Motive oder gar die verborgene Zielsetzung unserer Taten sind. Im allgemeinen verweigern wir das bewußte
Handeln dann, wenn wir etwas verdrängen, besser daste-
hen wollen als wir sind. Wir entziehen uns alle gerne uns
nicht sympathisch anmutenden Erkenntnissen und sind
nicht von Wahrheitssuche geprägt. Der intelligente wie
auch der unintelligente Schlaue haben eine Menge Ein-
fälle zur Verfügung, die unser Tun und Denken rechtfer-
tigen sollen.

*Oma S. hatte von ihrer Tochter einen Zeitungsausschnitt
erhalten, der über die Schädlichkeit von Zucker- und Süß-
waren berichtete. Bei ihrem nächsten Besuch kam sie wieder mit einem Berg von Schleckereien für die zwei Enkelkinder an. Der Mutter brachte sie einen Zeitungsartikel
mit, worin ein Psychologe äußert, daß Großeltern eine
gewisse Verwöhnung gegenüber den Enkeln zugestanden
werden muß. Die Frage ist nun, was wir unter Verwöhnung verstehen. Dem Stoffwechsel, Knochenaufbau und
den Zähnen schadet der Zucker und ist ebenso abzuwehren wie solche Kassetten, die Kinder beunruhigen und
ängstigen. Um sinnvolle Verwöhnung zu vollbringen, ist
Nachdenken und Phantasie gefragt.*

In welch primitiver Hartnäckigkeit und Lernunwilligkeit schädliche Verwöhnung gepflogen und verteidigt wird, davon können viele Eltern, aber auch viele Partner von Verwöhnern berichten. Der Kampf ums Verwöhnen ist umso schwieriger, je starrer und entwicklungsunfähiger diese Menschen sind. Das infantile und alberne „Ich meine es doch nur gut, ... ich will dir doch nur etwas Liebes tun ...“ darf uns nicht über den damit vertretenen Mangel an Sensibilität und Egozentrik hinwegtäuschen. Durch ein vermeintlich „gutes“ Motiv wird Unsinniges nicht sinnvoll. Um Gutes zu tun und für den anderen etwas Liebes kundzutun, ist es notwendig, etwas davon zu verstehen und zu erfühlen, was dem anderen wirklich Positives bringt. Dieses vermeintlich Gute der Verwöhner ist häufig ich-bezogen und nicht auf den anderen und sein Wesen ausgerichtet. Damit wird auch zum Ausdruck gebracht, wie weit entfernt man vom anderen ist, wie wenig innere Nähe erfühlt werden kann.

Bei den materiellen Verwöhnungen steht hinter dem, was gegeben wird, der Versuch, sich auf einfache Weise und ohne den Einsatz der eigenen Person beliebt zu machen. Viele begnügen sich mit dieser Rolle und nehmen die Reaktion der anderen in Form von Freude oder Dankbarkeit als auf ihre Persönlichkeit bezogen. Es gibt auch Beschenkte und Verwöhnte, die eine solche Art des Kontaktierens als Liebe deuten. In unserer Wohlstandsgesellschaft sind solche Verwechslungen häufiger als früher in einer Zeit, da nur wenige die Mittel hatten, andere durch materiellen Einsatz zu gewinnen. Wenn mein Jugendfreund mich zu etwas eingeladen hat, das Geld kostete, konnte er sich am nächsten Tag kein Mittagessen leisten. Die begrenzten Mittel forderten zum eigenen Bemühen und zu anderen Formen des Gebens und Werbens heraus.

Die Verwöhnung spielt darum in unserer Zeit und unserem Kulturkreis in ihrer neuen Möglichkeit eine große Rolle. Nie war es einer solchen Vielzahl von Menschen möglich, im Materiellen begründete Verwöhnung verschwenderisch auszuleben. Dies übt eine doppelte Wirkung aus: Beim Verwöhnten bleibt sie nicht ohne Folgen, aber auch bei dem, der verwöhnt. Wichtig ist, zu erkennen, welche Bedürfnisse sich hinter der Verwöhnungshaltung verstecken, und was sich in dem abspielt, der Verwöhnung annimmt. Dies tun nicht alle, denen dies geboten wird.

Was steht bewußt, aber häufig ganz unbewußt hinter dem Ziel, den andern zu gewinnen? Immer steht hinter der Verwöhnung die Erwartung einer Gegengabe, die ganz allgemein mit Wohlwollen und Zuneigung umschrieben werden kann. Es ist im Grunde ein Tauschhandel, bei dem mit den üblichen menschlichen Reaktionen gerechnet wird. Man rechnet mit dem unbewußt einsetzenden Schamgefühl beim Empfangenden. Schließlich kann man nicht nur annehmen … Und von sich selbst ausgehend, weiß man, daß eine psychische Empfänglichkeit besteht für besondere Beachtung.

Die Verwöhnung hat ihren Preis. „Wenn ich so viel für dich tue, auf mich nehme, … dir schenke und gewähre, … mich um dich und deine Belange kümmere, dir alles abnehme … dann …" Die Bestechlichkeit ist nicht nur im materiellen Bereich verbreitet, sondern ebenso im psychischen. Da dieser Weg Unsichtbares anbietet, stößt man auf weniger Widerstände. Wer Bestechungsgeld und Geschenke erhält, dem wird sichtbarer, was er tut, wenn er etwas annimmt. An die nicht sichtbaren Zuwendungen kann man sich leicht gewöhnen, sie können leichter übersehen werden und sind darum schwieriger als Thema der Käuflichkeit zu erkennen.

Unangenehme Zusammenhänge vermögen leichter verdrängt zu werden, wenn sie nicht im Materiellen manifestiert sind. Was nicht sichtbar ist, kann besser umgangen werden.

„Nahezu alle Menschen sind bestechlich. Sie wissen es nur nicht. Man muß nur den Schlüssel finden zu dem Bereich, in dem sie anfällig sind." Dies sagte ein alter, erfahrener Menschenkenner. Er wußte von dem Umgang mit Menschen, daß selbst die Reichen und Gutverdienenden mit Geld und finanziellen Vorteilen leicht zu bestechen sind, wenn es nur geschickt angestellt wird. Unsere Politiker aller Parteien und erst recht die risikolosen Spitzenverdiener der Gewerkschaften sind ein Beweis hierfür. Die Gefährdung der Käuflichkeit wird nicht beseitigt, wenn reichlich an Besitz und Einkommen bis hin zu hohen Pensionen nach kürzester Tätigkeit gewährleistet sind. Bei vielen wird wie beim Alkoholiker unkontrollierbares, gieriges Verhalten ausgelöst, das vor Unredlichem nicht zurückschreckt.

Wie sehr in unserer Zeit und unserem Land auf der primitiven Ebene der Geldgaben ein Außenminister Politik betrieb, ist daran zu sehen, daß er der „Scheckbuchdiplomat" in kritischen Kreisen genannt wurde, weil er bei seinen fortwährenden Auslandsbesuchen das in Deutschland erarbeitete Geld verteilte, um damit andere zu befriedigen. Es lief auf der primitiven Schiene der Käuflichkeit, mit der er bei anderen rechnete. Damit ist Politik nicht mehr Staatskunst.

Nicht nur die öffentliche Hand wurde maßlos in unserer Zeit extremen, bisher unbekannten Wohlstandes. Es entwickelten sich maßlose Ansprüche. Die Bürger ließen sich schröpfen, zahlten hohe Steuern, weil sie sich am Wohlstand erfreuten. Die Staatsdiener gingen wie viele Bürger im privaten Bereich in Wohlgefallen und Spendierhosen umher. Es bestand jedoch ein Unterschied: die einen gaben das Geld der andern aus, die Bürger nur ihr eigenes. Von außen bestanden keine Sachzwänge, von Überlegungen und Vorausdenken war nicht die Rede. Die Politiker bezahlten, was die Bürger oder Parteien wollten, traten als Verwöhner auf, zeigten, wie man auf Pump leben kann. Daß auch in der Politik Verwöhnung gefährlich werden kann in ihren Folgen, zeigen die Vorgänge in Schweden. Viele zugestandene Umsorgung des schwedischen Bürgers, viele von den gewährten Sicherheiten mußten zurückgenommen werden, um den Staatsbankrott zu vermeiden. Die Schweden und sogar ihre Gewerkschaftsführer haben das begriffen.

Wir müssen annehmen, daß Wohlstand ohne begrenzende Sachzwänge nicht zur Befriedigung der großen Mehrzahl führt. Hierüber gibt es wenig gründliche Untersuchungen, die dem nachspüren, warum nicht befriedendes Genughaben eintritt, sondern die Ansprüche immer höher geschraubt werden und die Sättigung nicht eintritt. Wünsche und Ansprüche werden auf neue Bedürfnisse gelenkt. Wo Beruhigung eintritt, werden neue Reize gesucht. Es gehört viel seelische Ausgewogenheit und Gespür für Wesentliches dazu, um diesem Trend nicht zu erliegen.

Die meisten von uns sind von klein auf nicht satt geworden in dem Bedürfnis nach Angenommensein, erlebten sich zu wenig als eigenes Wesen wahrgenommen und als solches akzeptiert. Deshalb sind Zuwendungen im Sinne von Verwöhnungen und Befriedigung seelischer Wünsche und Verlangen sehr willkommen. Wenige können auf die Dauer dem ihre Sympathie versagen, der beflissen um sie bemüht ist und damit die Anerkennung der umworbenen Persönlichkeit ausdrückt. Dies wird als Wertschätzung gedeutet. Selten wird das dahinter verborgene Motiv erkannt, den Wunsch des Verwöhners und Beflissenen selbst gut anzukommen. Zweifellos registiert der Verwöhnte gerne, als verwöhntes Objekt auserwählt zu sein. Was sich jedoch ohne Verwöhnungstendenzen an Zuwendung und Zuneigung schenkt, ist nicht nur in viel tieferer Weise beglückend, sondern führt beide weiter.

Wenige sind immun gegenüber Verwöhnung. Die Anfälligkeit in dieser Hinsicht ist weit verbreitet. Es steckt in uns allen ein verführbarer Anteil, von dem wir nichts wissen wollen. Geben wir uns zu, daß Bewußtheit über sich selbst nicht leicht zu verstehen und auch in unklaren Situationen nicht immer erwünscht ist. Verwöhnende Kost, wissen heute die meisten, macht mit der Zeit krank und mindert die Widerstandskräfte, aber sie schmeckt uns gut auf der Zunge. Viele sind aber im Ernährungsbereich schon wach geworden und um Umgewöhnung und bewußtere Auswahl bemüht. Die psychische Gefährdung durch Verwöhnung wird noch wenig erkannt. Sie widerspricht dem Trend der Zeit und dem Wohlstandsgehabe, das sich selbst keine Grenzen setzen will.

Verwöhnung in der Partnerschaft hat bewußt, unbewußt und oft auch halbbewußt das Ziel, sich beim anderen in der Weise einzuschleichen, daß man sich unentbehrlich macht, das heißt, ihn in eine gewisse Abhängigkeit zu bringen. In verwöhnenden Haltungen wird dargebracht, daß man die Schwächen, Neigungen, Gewohnheiten, die Wünsche und geheime Ausrichtungen des andern kennt. Solche Vertrautheit täuscht Nähe vor, die aber unter Umständen nur in solchen Annäherungen besteht. „Meine Freundin weiß, wieviel Zucker ich in den Kaffee möchte, welche Seife und Socken ich mag, wie ich und wann ich gestreichelt sein will." Eine solche Art von Umsorgung ist nur dann zu bejahen, wenn der andere dieselbe intensive, aufmerksame und einfühlende Zuwendung entgegenbringt. Wenn es nicht um gegenseitige Vertrautheit und um einfühlendes Handeln geht, also einseitig etwas gewünscht, getan und angenommen wird, überfordert dies den anderen und bringt ihn in die Rolle der Pflegerin. Das züchtet zwar einseitig Behagen, ist jedoch keine gute Grundlage für eine Liebesbeziehung auf Dauer.

Frauen geraten häufiger in solche Rollen der Kinderpflegerin. Sie lassen sich über das behagliche Schnurren und die Abhängigkeit des andern täuschen. Es sind nicht wenige, die sich in solchem Gebraucht-Werden wohlfühlen und dies als Liebe interpretieren. Wer keine andere Form des Miteinanders gesehen, erlebt oder erfahren hat, findet schwer heraus, was ihn auf die Dauer in dieser Beziehung doch unbefriedigt läßt, warum ein Rest des Unbehagens verdrängt werden muß. „Mein Mann braucht mich, weil ich stets für sein Wohl sorge, auf all das achte, was ihm gut tut. Er weiß das und versichert mir immer wieder, wie sehr er mich liebt ...“

Es handelt sich hier um infantile Bezogenheit: „Ich bin so froh, daß du mir viele banale Dinge abnimmst wie meine Mami. Darum liebe ich dich auch wie sie und mache dir auch materielle oder seelische Geschenke.“ Die Partnerin, die sich nicht zutraut, als Mensch ohne Dienerrolle geliebt zu werden, die nicht gelernt hat, ihre Fähigkeit zur Fürsorglichkeit und Mütterlichkeit in unserer Welt anders einzubringen, ist dann zufrieden mit dieser Lösung bzw. verdrängt andere Ansprüche.

Wer von andern viel annimmt, gerät damit auch in eine moralische Verbindlichkeit. Wer viel nimmt, sollte auch viel geben, um nicht in Schuld zu geraten. „Ich habe meinem Freund die besten Jahre meines Lebens geopfert, habe mich ganz ihm gewidmet und mit ihm

nach seinen Wünschen gelebt ... " Hinter solchen Äußerungen steht klar: Das darf niemand über Jahre hin annehmen, ohne dahinter eine Verbindlichkeit, man
könnte auch sagen, eine Verpflichtung zu entwickeln.
Sie schafft auf vielen Ebenen Abhängigkeiten, nicht nur
moralische. Man wird infantilisiert, regrediert in Teilbereichen in die Kinderrolle.

Herr S. mag es gerne, wenn ihm seine Frau bei Tisch
vorlegt und ihm den Teller füllt, wie es seine Mutter zu
tun pflegte, die ihn auch nicht zur Selbständigkeit groß
werden ließ. Herr P. hat bei seiner zweiten Frau rasch
gelernt, seinen Koffer selbst zu packen, zu wissen, welche Hemde, Krawatten zusammenpassen und welche
nicht. Anfangs stöhnte er über diese Frau, die einen erwachsenen Mann wollte. Aber bald fühlte er sich deutlich
wohler in vielen neuen Verhaltensweisen. Die meisten
entwickeln ein gutes Gefühl dafür, wenn sie weitergehen
und etwas zurücklassen. In der Gruppenarbeit wunderte
sich ein Mann darüber, daß er in Konferenzen viel sicherer auftreten kann, seit er sich von bequemen und kindi-
schen Verhaltensweisen gelöst hatte. Eine Kinderheimlei-
terin konnte bestätigen, daß sie mit den Kindern und vor
allem mit ihren Mitarbeiterinnen ein viel besseres Miteinander aufbauen konnte, nachdem sie die Verwöhnungen
ihres sehr vermögenden Elternhauses abgelegt hatte. Es
ist immer so: Infantilismen und Abhängigkeiten wirken
sich auf die Gesamtpersönlichkeit aus. Damit werden
strukturierende Kräfte gebremst. Man ist dadurch ganz
einfach weniger bei sich selbst.
    An solchen Beispielen ist abzulesen, daß die viel dis-
kutierte Selbstverwirklichung nicht nur für sich selbst,
sondern auch von sich selbst etwas abverlangt. Die
Glücksvorstellung des Kindes vom Haben liegt dem zu-

grunde. Kinder benötigen Entwicklungszeit, um zwischen dem Haben und Sein unterscheiden zu lernen. Elfjährige meinten auf die Frage, warum sie die Mitschülerin Ulrike nicht in ihrer Clicque haben wollten, ganz deutlich und ehrlich: „Sie ist weniger wert." Ulrike war eine mittelmäßige Schülerin, blaß und unauffällig. Aber gerade das war es, ihr stilles Mitläufertum, ihre zu große Angepaßtheit und Unterordnungswilligkeit, die sie für jene Gruppe von Freundinnen uninteressant machte. Sie wurde in die Clicque auch nicht aufgenommen, als sie mit kleinen Geschenken aufwartete.

Wer wenig Strukturierungskräfte besitzt, kann weniger Ausrichtung in sein Leben bringen und Ganzheitlichkeit verwirklichen. Dann bleiben immer chaotische Anteile, die ablenken und wegführen vom Weg und der Wahl vom Bestmöglichen. Unter Struktur versteht man einen inneren Aufbau, in dem Anordnungen und Zusammenspiel der verschiedenen Bereiche und Funktionen, auch das Zusammenwirken der Gegensätze in uns schöpferisch wirken. Wer alles herumliegen läßt, wie es ihm aus den Händen oder vom Leib fällt, ist nicht nur in diesem Zusammenhang schlampig. Abgesehen davon, wie er mit seinen Nächsten umgeht, und daß er ihnen zumutet, seine Kindereien zu ertragen, gibt es noch einen anderen Aspekt. Er mutet den anderen zu, was er selbst zu leisten nicht bereit ist und weder in der Kindheit noch durch Selbsterziehung gelernt hat, für sich selbst zuständig zu sein. Mit psychologischer Gesetzmäßigkeit vollziehen sich darüber hinaus auch in ganz anderen Bereichen chaotische Abläufe, werden Egoismen mehr oder weniger brutal durchgesetzt. Wer nicht offen Gebliebenes aus der Kindheit als Selbsterziehung nachzuholen bereit ist, wird in verschiedenen Lebensbereichen und Ebenen problematisch.

C. G. Jung, ein weltbekannter Psychotherapeut, berichtete von einem jungen Mann, der sich auf Kosten seiner Freundin viel Vergnügungen und hohen Lebensstandard leistete. In der Beratung sprach dieser intelligente 30jährige von seiner Verwunderung darüber, daß seine Neurose und die damit verbundene Symptomatik sich in keiner Weise bessere, obwohl er sich die Zusammenhänge mit seiner frühen Kindheit und das Ineinandergreifen vieler Tatsachen und Abläufe dieser Jahre deutlich erklären und psychologich deuten könne.

Rational hatte er seine eigene Krankengeschichte klar aufgebaut. Psychisches läßt sich aber nicht allein über die Ratio entschlüsseln. C. G. Jung wies ihn darauf hin, daß er sich seinen Gefühlen versperre, z. B. im Hinblick auf die Beziehung zu seiner Freundin. Seine Art zu nehmen zeige, daß er sich einem moralischen Schamgefühl gegenüber versperre. Dieser junge Mann entschloß sich, zunächst seine Symptome zu behalten und seine den anderen ausnehmende Verwöhnung weiterhin zu pflegen. Vermutlich machte er sich auf die Suche nach einem anderen Therapeuten, der es ganz normal finden sollte, vom anderen zu nehmen, was dieser zu geben bereit ist. „Und wenn es dem anderen Spaß macht, immer der Schenkende zu sein ...?" Zweifellos gibt es eine solche Neurose zu zweit, bei der Symptome von beiden Seiten co-neurotisch zusammenpassen. Dieser Status macht jedoch Weiterentwicklung und Entwicklung zum Heilsein unmöglich. Jeder treibt den anderen tiefer in seine Neurose, so wie selbst der liebevollste und aufopferndste Co-Alkoholiker den anderen vom Alkoholabusus nicht wegführt.

Es sind nicht wenige, die wie der oben zitierte junge Mann ein Leben lang die neurotischen, infantilen Ansprüche und die damit verbundenen „Genüsse" lieben.

Bei dem geschilderten Beispiel vertrat zwar der Verstand die Ansicht, daß es ganz normal sei zu nehmen, was zu nehmen ist, also was sich wo auch immer bietet. Eine Verantwortlichkeit fürs Nehmen wurde verweigert. Erkenntnisse auf dieser Seins-Ebene hätten eine Veränderung im Sinne von Zurücklassen und Neuwerden verlangt. Die Psyche dieses Menschen reagierte darauf jedoch viel sensibler und differenzierter als seine sehr geschulte Ratio, die sich allerlei Rechtfertigungen zusammentrug. Unbewußt erkannte er die Fehlhaltung seiner Freundin, die ihm seine Negativismen auszuleben erlaubte und ermöglichte. Er fühlte sich darum an sie gebunden. Nicht aus Dankbarkeit oder Zuneigung, wie er sich selbst vormachte. Auch die Partnerin machte sich vor, daß Anhänglichkeit und Zuneigung sie zusammenhalte. Beide erlagen der Scheinberuhigung einer Täuschung. Nur das neurotische Zusammenspiel war die Verbindung. Sie brauchten einander im Sinne von gebrauchen. Wäre der Faktor dieses großzügigen Lebensstils weggefallen, hätte sich die Beziehung bald aufgelöst in destruktiven Abläufen. Wer abhängig macht und die Negativismen und Primitivismen im anderen aktualisiert, wird nicht geliebt. Der gesunde Teil der Psyche lehnt unbewußt den Verführer ab. Auch in dieser Hinsicht wird die Verantwortung dem anderen zugeschoben. Irgendwie kann darum die vermeintliche Liebe in Haß umschlagen. Dies kann eintreten, wenn noch bessere und ergiebigere Verwöhner auftauchen, oder aber die Ahnung sich meldet, daß man Mittäter ist.

Die im Grunde auf sich selbst gerichtete Wut und Aggression wird zunächst nach außen projiziert auf den vermeintlichen Verursacher, der lediglich Mitspieler war.

Die innere Redlichkeit und den Durchbruch bewußter Stellungnahmen zu sich selbst erreicht nur ein

Mensch, der bereit ist, auf seine bisherigen Annehmlichkeiten, Trägheiten, Gewohnheiten und die dahinterstehenden infantilen Ansprüche zu verzichten. An diesem Punkt scheitern unendlich viele. Das Bedürfnis nach einem guten Image vor sich selbst hindert uns daran, die eigene Verstrickung und den eigenen Anteil bei dem zu erkennen, was negativ zu bewerten ist. Solche Aufrichtigkeit würde ja zum Verändern und damit zum Handeln verpflichten. Viele psychologisieren gerne, aber sie sind weit davon entfernt, Wissen in Tun umzusetzen. An dem von C. G. Jung berichteten Beispiel läßt sich zeigen, wie sehr auch der Verwöhner persönliche Bedürfnisse zu befriedigen sucht und welche Rolle er in diesem Zusammenspiel hat. Während der Verwöhnte in Passivität infantiles Empfangen ohne zu geben spielt, geht der Verwöhner in Aktivität seine Wunscherfüllungen an. Er baut sich seine Rolle auf der Handlungsebene auf.

„Meinem Mann wäre es langweilig wenn ich ihn nicht mit Erwartungen und Wünschen, mit ausgefallenen Einfällen dauernd attackieren würde. Er liebt das an mir, findet mich kapriziös und anspruchsvoll. Er sagt mir auch, daß es ihm bei mir sicher nie langweilig werden würde ..." Nach 15jähriger kapriziöser Ehe trat eine grundsätzliche Veränderung ein. Das Spiel war ihm in seiner steten Wiederholung doch langweilig geworden. Dieser Mann hatte es dann satt, der Wunscherfüller einer launischen Frau zu sein und ihren Grillen nachzugehen. (Von dem französischen Wort caprice wird kapriziös abgeleitet, was eigentlich Bocksprung heißt.) Herr D. ging von der Aktion in die Passivität über und pflegte nun die andere Seite der Medaille. Er suchte sich eine Freundin, die ihm alle Wünsche „ ... von den Augen ablas."

Er glaubte sich befreit zu haben vom Rollenspiel zu zweien, wußte aber nicht, daß er lediglich von der aktiven zur passiven Rolle übergewechselt hatte und ihn seine dahinter stehenden ungelösten Probleme noch besetzt hielten. Es konnten ihn nach wie vor nur neurotisch getönte Beziehungsmöglichkeiten in Beziehungen locken. Zur echten Partnerschaft und der damit verbundenen Liebesfähigkeit war noch ein weiter Weg, denn dazu stand er sich selbst noch im Weg. Es meldete sich in ihm beharrlich das Kind, das er war: Einmal wollte er der omnipotente Alleskönner und Wunscherfüller sein, in der anderen Version der Pascha, der nur etwas anzudeuten brauchte, und schon sprang jemand darauf an.[1] Wie wenig aus der eigenen Erfahrung gelernt wird, welch geringes Bewußtsein darüber erwächst, zeigt dieses Beispiel von Herrn D. Bewußt kam er nicht auf den Gedanken, daß es der neuen Freundin eventuell eines Tages in der Zukunft wie ihm ergehen könnte und ihr die Zwänge der Wunscherfüllerrolle zur Last werden. Er lebte in naiver Unbekümmertheit und Wohlbehagen. Unbewußt jedoch vollzogen sich viel subtilere Reaktionen. Er bekam immer wieder von Zeit zu Zeit, begründet oder unbegründet, Anfälle von Eifersucht. Sie spiegelten die Unsicherheit über sich selbst und drückten die potentielle Verlustangst und die Reaktion auf seine Erfahrungen aus seiner Ehe aus.

Die unbewußten Erkenntnisse und Erfahrungen lassen sich nicht täuschen, auch wenn der Intellekt in seiner Ausrede-Bereitschaft viele Gegenargumente herbeischafft. Die Abhängigkeit schaffenden Persönlichkeiten haben immer ein schwaches Selbstwertgefühl und viel

---

[1] Vgl. Hildegard Fischle-Carl: Ich und das Kind, das ich war. Lebensfreude durch Befreihung. Freiburg, Verlag Herder, 1991.

Angst, nicht gebraucht oder gar verlassen zu werden, eben den anderen zu verlieren. Scheinbarer Edelmut, Großzügigkeit wie auch aufopfernd anmutende Selbstverleugnung sind Aufwertungsversuche und Bemühen, dem andern wichtig zu sein, zum Lebensalltag benötigt zu werden.

Zweifellos sind Opfer und Hilfsbereitschaft, zuweilen auch Selbstverleugnung im Leben gefordert. Dies läßt sich von neurotischen Zielsetzungen unterscheiden. Zum richtigen Zeitpunkt und an der richtigen Stelle im Miteinander dem anderen zur Verfügung zu stehen, persönlichen Einsatz zu leisten, sich fordern zu lassen aus Lebenssituationen heraus ist notwendig. Notsituationen gemeinsam zu bestehen, erfordern aber keine Dauerleistungen. Auch im Krankheitsfall und bei Schwerkranken ist die Regression in infantile Verhaltensweisen sehr verschieden. Nicht alle Behinderten und Kranke erwarten die totale Konzentration und Zuwendung für sich und ihre Krankheit.

Die Größe notwendiger Hilfeleistungen ist nicht anzuzweifeln. Helfen, wo echte und begründete Hilfsbedürftigkeit besteht, hat mit neurotischen Verhaltensweisen nichts zu tun. Wer in diesem Bereich nicht anfällig ist, kann dies auch gut unterscheiden. Weil neurotische Mütterlichkeit nicht lebensfördernd und damit nichts Sinnvolles ist, sondern aufbauende Reifungsprozesse verhindert, bewirkt dies Stagnation. Lebendig sein heißt bereit sein, zurückzulassen und sich dem Weg nach vorn zu widmen. Alles Festhalten ist der Auslöser von Negativismen. Bei solchem Schuldig-Werden an sich selbst und auch am anderen kann keiner gedeihen, weder der Binden-Wollende und damit zur Abhängigkeit Zwingende, noch der Verwöhnte, Genußsuchende. „Mein Mann muß den ganzen Tag seinen Mann stehen, Entscheidungen treffen, weshalb ich ihm gerne bis zu den Socken alles zurechtlege und ihn verwöhne." Ist er überfordert in seiner beruflichen Stellung? Reichen seine Potenzen hierfür nicht aus oder aus welch sonstigem Grund mag er sich solche partielle Entmündigung und Kinderrolle gefallen lassen? Warum ist diese Art von Bemutterung und Betreuung in diesem Beziehungsschema? Man fragt sich, was steht bei beiden im Hintergrund, wenn keine anderen Formen der Zuwendung im Alltag gefunden werden. Erwartet der beruflich als tüchtig beschriebene Mann etwas, das normalerweise für Kinder vorbehalten ist? Was ist der Grund, daß diese Frau in die Mutter-Kind-Rolle abgleitet? Was versteckt sich dahinter, was soll kompensiert werden? Besteht ein Defizit im Frausein und in der Frau-Mann-Beziehung? Aus solch scheinbar banalen Abläufen entwickeln sich viele Fragen und verweisen auf verborgene Zusammenhänge.

In Partnerschaften und erst recht in Ehen wird oft Verwöhnung erwartet oder gar gefordert und zwar mit der allergrößten Selbstverständlichkeit. Für viele ist der andere dazu da, das zu erfüllen, was an infantilen Wünschen und Erwartungen im Erwachsenwerden nicht überwunden werden konnte.

Wir alle kennen den von der Werbung inszenierten Slogan „Verwöhne Dich selbst". Dies konnte erst in einer Zeit auf fruchtbaren Boden fallen, in der die allermeisten nicht mehr um den Lebenserhalt vollen Einsatz leisten müssen und viel Zeit, Energie und Geld zur Verfügung stehen. Nur dann kann ich mich meiner eigenen Verwöhnung zuwenden. Dabei ist zu unterscheiden, daß Verwöhnen immer etwas übertreibt, ein „Zuviel des Guten" ausdrückt. Nicht das ist damit angesprochen, für sich selbst ein wenig Zeit zu haben, sinnvolle Ruhepausen einzuschalten, abzuwehren, was Überforderung und

Streß sein würde. Gesunder Selbstschutz, die Beachtung der persönlichen Grundbedürfnisse sollen nicht nur wahrgenommen, sondern auch verteidigt werden gegenüber allen, die überfordernde Ansprüche an uns stellen und sich nicht auf eine einmalige Sondersituation beziehen. Frau R. lernte auf diese Weise ihre vielen Familienpflichten aufzuteilen an Mann und Kinder, damit sie auch keinen längeren Arbeitstag zu leisten hatte als ihr Mann. Dabei ging es nicht um „Verwöhne Dich selbst", vielmehr um ihre Gesunderhaltung und um ein harmonisches Familienklima, das bei überforderten Menschen sich kaum realisieren läßt.

Herr N. lernte seine Arbeit mit Mitarbeitern und Kollegen besser zu gestalten, so daß er früher nach Hause kam und Feierabend hatte, ohne in totaler Erschöpfung sich Alkohol und Fernsehen hinzugeben und alle menschlichen Kontakte abzuwehren. Er pflegte früher auch ein wenig sich selbst zu verwöhnen, indem er täglich etwas Alkohol konsumierte und für sich bei Eßwaren und Kleidung, beim Auto und in vielen Bereichen nur das Allerbeste gerade gut genug fand. Das waren seine Tröstungs- und Kompensationsversuche. Die Strukturierungsfähigkeit fehlte ihm nicht nur hier, vielmehr war seine Verwöhnung schon eine zweite Folge. Es ist noch viel zu wenig bekannt geworden, daß in mehreren Großbetrieben von Weltrang Schulungen der Spitzenkräfte dahin führen, auch Arbeit sinnvoll so zu strukturieren, daß Menschsein nicht dem Beruf zum Opfer gebracht werden muß. Es ist im Interesse des Betriebes und des einzelnen gelegen, sich gesund und in der Ganzheit schöpferisch und leistungsfähig zu erhalten. Menschsein und Berufserfolg sind dann identisch und nicht mehr wie früher sich bekämpfende Gegensätze.

Zum Sich-selbst-Verwöhnen führt ein nicht gelungenes Gut-zu-sich-Sein. Wer seine Balance annähernd gefunden hat, bedarf keiner Kompensation und Dauertrö-
stungen. Dann können auch gesunde Forderungen an
sich selbst gestellt werden. Wir wissen heute, daß Lei-
stungsforderungen nur problematisch werden, sofern sie
Dauerstreß erzeugen und nicht echter Entspannungsaus-
gleich möglich ist.

*Wenn Frau M. sich mit Pralinen und Süßigkeiten ver-
wöhnt, ist dies zweifellos kein Gut-zu-sich-Sein, vielmehr
gelingt ihr dies eben nicht. Vielleicht könnte sie mit einem
Telefongespräch mit einem geliebten Menschen, einem
warmen Bad, bei dem die Gedanken kommen und gehen
dürfen, oder mit einer kleinen Radfahrt erst lernen, wie
man sich selbst etwas zuliebe tun und Bedürfnisse befriedigen kann.*

*Frau Q. fordert von sich zuviel an täglicher Arbeit, wes-
halb sie immer wieder unsinnige Einkäufe tätigen muß.*

*Herr S. handelt ähnlich und hat eine ganze Sammlung
von Fotoapparaten, Filmapparaten und kauft Dinge, die
ihn erfreuen sollen, weil er andere, immaterielle Zuwendungen für seine Seele verlernt hat. Ein Kollege von ihm
hat andere Wege gefunden. Wenn er zu einer anstrengen-
den Sitzung fährt oder von großen Anforderungen ermü-
det ist, fährt er auf seiner Autostrecke auf einen abseitigen
Weg und macht seine Entspannungsübungen. Er kennt
Meditationen, die ihn zur Ruhe bringen und sammeln.
Auch er fordert viel von sich und weiß, daß er dadurch
auch vieles zuwege bringt und schon gebracht hat. „Ein
gutes Pferd muß auch Hafer kriegen und auf die Weide
dürfen …“ Dies hat er nicht nur erkannt, er handelt auch
danach. „Früher habe ich mit luxuriösem Essen und Trinken mir Gutes tun wollen, aber mir ist aufgegangen, daß*

*dies nur belastend war. Ich wurde dicker, nervöser, hatte
hohe Cholesterinwerte und hohen Blutdruck. Seit ich anders lebe, fühle ich mich wohl und bin mit mir und meiner
Arbeit viel zufriedener. Ich weiß jetzt, was mir gut bekommt ... "*

Die Eltern P. haben beide erkannt, daß sie für sich selbst
ein gesundes und reichlich normales Leben anstreben.
Was ihnen noch schwer fällt, ist von ihren beiden Kindern mehr zu verlangen und sie weniger zu verwöhnen.
Es werden ihnen keine kindgemäßen Pflichten auferlegt,
sie lernen nicht, im Familienkollektiv aktiv ihren Anteil
zu leisten. Den Eltern fällt es nicht leicht, Wünsche und
Ansprüche zu versagen. Wenn der Freund eine unsinnig
teure Mütze hat, will der Sohn dies auch haben, und der
Vater mag ihm nicht zumuten, nicht mithalten zu können. Er vermag nicht, seinen Kindern nahezubringen,
daß sie dies oder jenes sich zwar auch kaufen könnten,
es jedoch für nicht angemessen halten und lieber in anderen Bereichen Geld einsetzen wollen. Dieser Vater
agiert mit seinen Kindern Verwöhnung, die er im
Grunde seinem in ihm selbst noch begehrlichen Kind
zukommen läßt. Seine Kindheit war von weniger Wohlstand geprägt und er hatte auf manches verzichten müssen. Er ist aus der Wehleidigkeit seines Verzichtenmüs-
sens noch nicht herausgekommen. Er weiß noch nicht,
daß man aus schwierigen Zeiten, die viel abverlangen,
auch etwas lernen und Positives sich entwickeln kann.
Darum ist es ihm nicht möglich, seinen Kindern gegenüber eine gewisse Härte aufzubringen. Daß dies auch
schädlich werden kann, sieht er noch nicht. Verwöhnen
ist eine gefährliche Haltung. Auch Kindern und jungen
Menschen gegenüber wird sie meist materiell vollzogen.
Der Mangel an guten Gesprächen, sich gegenseitig ernst

nehmen und der Verzicht auf autoritäres Gehabe bieten viel mehr als Grundlage für den zukünftigen heranwachsenden Menschen. Ein gutes Wort zur rechten Zeit, Anerkennung, die formuliert wird, eine zärtliche Geste sind die Geschenke, die wir von klein auf brauchen und darüber hinaus bis ins hohe Alter. Aber auch hier kann verwöhnender Mißbrauch getrieben werden. Kinder, die den ganzen Tag nur hören, wie toll sie sind und was sie alles können, identifizieren sich mit diesem Unsinn und gehen dann großen Enttäuschungen entgegen oder aber sie nehmen die übertriebenen Äußerungen ihrer Eltern nicht sehr ernst, d. h. sie haben keinen Wert. Sie suchen sich dann immer mehr andere Menschen, bei denen sie Bestätigung erhalten. Es gilt immer der Grundsatz: Das Gute anstreben, aber sich vor Übertreibungen hüten. Verwöhnung baut ab, nicht auf.

Umgang mit der Frustration

Wer kennt nicht das Gefühl der Enttäuschung und Unlust, wenn ein Plan oder Unternehmen auf Hindernisse
stößt und zum Mißerfolg wird. Auch wenn unsere Wünsche, unsere Bedürfnisse und Vorstellungen nicht erfüllt
werden, führt es dahin, daß wir „Frust" erleben oder uns
„frustriert" fühlen, „gefrustet", wie sich viele in der Umgangssprache ausdrücken. Unter Frustration wird die ge-
fühlsmäßige Reaktion verstanden, die auf eine unerfüllte
oder auch unerfüllbare Erwartung folgt.

Von klein auf erlebt der Mensch Situationen, in denen
er Versagungen hinnehmen muß, weil etwas nicht seinen
Bedürfnissen oder Erwartungen entspricht. Schon das
Kleinkind kann das Nein der Mutter als ausbleibende
Befriedigung und Kränkung empfinden, wenn es kurz
vor dem Mittagessen keinen Zwieback bekommt. Säuglinge vermögen jedoch schon sich zu vertrösten und sich
über ihren Hunger hinwegzuhelfen, wenn ihnen jemand
psychische Zuwendung zuteil werden läßt, z. B. mit liebevoller Stimme mit ihnen spricht, bis das Fläschchen ge-
wärmt ist.

Ob ein Erlebnis als Frustration eingestuft wird, hängt
ganz von der Bewertung der Erfahrung ab. Zwei Men-

schen können dieselbe Situation vollkommen unterschiedlich beurteilen und damit anders in ihrer emotionalen Stellungnahme bewerten. Von der gefühlsmäßigen Stellungnahme werden entsprechende Reaktionsmechanismen ausgelöst. Darum ist von größter Wichtigkeit, was als Frust erlebt, man könnte auch spitz ausgedrückt sagen, im Sinne einer Kränkung erlebt wird. Das Maß unserer Empfindlichkeit und damit parallel unserer Belastbarkeit spielt die entscheidende Rolle. Als nächster Schritt kommt dann dazu, wie Frustrationen verarbeitet werden können. Ein Beispiel: Zwei Freunde haben sich verabredet, am Abend etwas gemeinsam zu unternehmen. Kurzfristig muß einer von beiden absagen. Wie geht der andere damit um? Erlebt er dies als persönliche Kränkung? Vermag er diese Absage sachlich zu nehmen? Und wie verbringt er den plötzlich frei gewordenen Abend? Der eine bleibt in einem solchen Fall enttäuscht und verärgert zu Hause. Es fällt ihm schwer, die erwartete Freude des gemeinsamen Ausgehens umzugestalten. Ein anderer ruft Bekannte an und schlägt etwas vor oder unternimmt alleine etwas. Mancher findet es ganz gut, nun Fotos einzukleben, was schon lange ansteht oder vermag sonst etwas Sinnvolles zu tun.

Wie jeder einzelne mit Enttäuschungen umgeht und ob es zu einem Gefühl der Entsagung oder gar der Verletzung kommt, hängt davon ab, über welche Frustrationstoleranz jemand verfügt. Es gibt Menschen mit einer sehr geringen Frustrationsschwelle, was häufig mit geringer Belastbarkeit verbunden ist. Dann wird vieles oder alles negativ bewertet und gegen sich selbst gerichtet erlebt. Sie haben es dadurch schwer, die normalen Belastungen des Alltäglichen und auch des normalen Lebens zu bestehen. Die Erregbarkeit und Kränkbarkeit sind groß.

Andere haben es viel leichter, sofern sie über eine

hohe Frustrationsschwelle verfügen. Das bedeutet, Dinge und Situationen anders aufnehmen und bewerten zu können. Solche Menschen haben psychische Verarbeitungsmechanismen, die ihnen helfen, auch Enttäuschungen und Negatives ohne Schmerzen, mit angemessener Sachlichkeit zu bestehen. Für die gesamte Lebensbewältigung ist entscheidend, wieweit wir Versagenserlebnisse zu ertragen vermögen, ohne in Verbitterung zu geraten und uns von den anderen oder vom Leben schlecht behandelt zu fühlen. Die einen sehen als Sündenbock die „bösen Menschen", die andern das „böse Schicksal" oder eben das „böse Leben".

Die Reaktionen auf negative Erlebnisse oder mit Unlust gekoppelte Erfahrung können sehr unterschiedlich sein. Die meisten Menschen sind sich nicht bewußt, wie ihre Verhaltensschemata ablaufen und mit welchen Gewohnheiten sie reagieren. Es kann hilfreich sein zu wissen, ob man bei Enttäuschungen gleich mit Rückzug antwortet, sich schneckenartig zurückzieht und sich damit der gegebenen Lebenssituation entzieht. Während die einen durch Frustration in die Passivität flüchten, führt sie bei anderen zu Ersatzhandlungen in Form von Aggression und zur Zerstörung der Quelle negativer Erfahrungen, z. B. durch Streit und affektive Äußerungen, um den anderen sich vom Leibe zu halten und die psychischen Spannungen des Ärgers auf diese Weise zu lösen. Manche reagieren zu heftig und affektbesetzt gegen die anderen und gegen sich selbst. Andere gehen zu depressiv getöntem Verhalten über. Dies geschieht vor allem dann, wenn durch die Entsagung und Verzichtforderung das Selbstwertgefühl strapaziert wird.

Vater L. wurde jeden Abend bei der Heimkehr von allen, selbst vom Hund mit einem fragenden Blick empfangen.

91

Alle außer ihm selbst waren sich bewußt, daß von seiner Laune und Befindlichkeit der weitere Verlauf des Tages abhing. Wie er den Tag ausklingen ließ entschied darüber, wie die anderen der fünfköpfigen Familie dann zu Bett gehen konnten: Bedrückt und unfroh, weil sie zurechtgewiesen und im Selbstwert verletzt worden waren, oder aber ganz wohlgelaunt, weil sie nicht bedrückt oder verletzt worden waren. Hatte Herr L. im Geschäft Ärger gehabt, fand er keinen anderen Weg der Verarbeitung, als bei Frau und Kindern den angestauten Affekt seiner Kränkung herauszulassen. Wer sich selbst ausleben will, findet bei Frau und Kindern und in einem Haushalt immer etwas, an dem dies aufzuhängen ist. Dann prasseln Tiraden von Nörgeleien und Kritik auf die Nächsten. Kleinste Anlässe lösen nun größte Reaktionen aus, denn Herr L. sucht wie ein Spürhund danach, Haken zu finden, an denen er seine gestaute Wut aufhängen kann.

„Mein Vater erbrach über uns alle, was er tagsüber geschluckt und nicht verdaut hatte. Dadurch hatten wir viel zu erleiden. Meine Mutter wurde schließlich magenkrank und erbrach dann körperlich sichtbar..."

Eine 40jährige berichtete in der Gruppenarbeit: „Heute noch beschleicht mich oft ein Unbehagen, früher war es fast Übelkeit, die immer nur gegen 18 Uhr auftrat. Jetzt ist mir aufgegangen, daß es die Zeit war, da unsere Mutter nach Hause kam und all ihren Unmut über eine von ihr gehaßte Berufsarbeit mitbrachte. Sie schrie nicht herum, aber sie wirkte auf uns bedrückend."

Viele können sich schlecht mit etwas abfinden, was sie nicht verändern können, bzw. nicht mehr umzuwandeln vermögen. Ich erinnere mich an eine Fachärztin, die in ihrem routinemäßigen Arbeiten als Röntgenologin sehr unbefriedigt war. Viel lieber hätte sie in anderer Weise mit Menschen zu tun gehabt. Ihr eigentlicher Wunsch war, ein Kinderheim zu leiten und dabei neue Lebensformen und Erziehungsweisen zu erproben. Viele Jahre lang schleppte sie sich in dieser Unbefriedigtheit dahin, unfähig, über ihren Frust hinaus etwas Neues zu beginnen. Nach dem Ende ihrer Berufstätigkeit kam ihr noch etwas in den Sinn, das ihr mehr Spaß machte. Sie züchtete Hunde. Dabei entwickelte sie außerordentliche Fähigkeiten im Umgang mit den Tieren und konnte auch andere Menschen teilhaben und lernen lassen, was durch Einfühlung, gepaart mit artgerechtem Verhalten zu erreichen ist.

Wer sich durch andere oder durch sich selbst auferlegte Verzichtleistungen zuviel zumutet, wer nicht für seine gesunden und berechtigten Ansprüche und Wünsche eintreten kann, gerät mit der Zeit in die Gefahr der Selbstverleugnung. Manche bemerken nicht, daß es ihnen an Fröhlichkeit und Lebensmut mangelt, ihre Vitalität sich in Ängstlichkeit verwandelt. Nur wenige denken über ihre Verhaltens- und Reaktionsschemata nach. Jedoch gibt es Menschen, die stunden- und tagelang darüber sinnieren, was sie da und dort hätten sagen sollen, ob es richtig oder falsch war, wie sie sich benommen haben. Über Äußerlichkeiten kommen solche Reflexionen im allgemeinen nicht hinaus. Schon kleine Hilfen, die von außen kommen, können mehr in Gang bringen als Selbstbespiegelung. Die sich selbst verleugnen, erhalten mit der Zeit auch vom Körper Signale, die aber der heutige im westlichen Kulturkreis lebende Mensch nicht gut zu verstehen gelernt hat. Es gibt vielerlei Arten, sich Tröstungen zu verschaffen, wenn wir unter unbewältigten Versagungen oder Überforderungen zu leiden haben, die unsere Frustrationstoleranz überschreiten.

Erstaunlich ist zu sehen, daß in einer Welt früher niemals für möglich gehaltener Wunscherfüllungen viele Symptome und damit verbunden Krankheiten auftreten, die Zeichen sind für Mangelleiden und Tröstungssuche. Die vielfältigen Formen der Süchte führen zu immer neuen Variationen, weil Suchtverhalten nicht primär durch Lustsuche bestimmt wird, sondern einen dahinterstehenden Grund hat, nämlich unerträgliche Unlust zu vertreiben. Es wurde festgestellt, daß Suchtverhalten in Krisenzeiten persönlicher und kollektiver Art gehäuft auftritt. Dann sinkt die Schwelle der Belastbarkeit und damit die Frustrationstoleranz. Die Tröstungssuche spielt bei der immer häufiger auftretenden Bulimie, einer krankhaften Art von Eßsucht, immer eine bedeutende Rolle. Der von seiner Gefräßigkeit oder seiner Automatenspielsucht Getriebene hat zwei Komponenten: Zunächst fällt die Regression in infantile Verhaltensebenen ins Auge. Das sich selbst verwöhnen wollende nicht groß gewordene Kind ist vordergründig. Weniger sichtbar und in der Therapie erst aufzuspüren ist der die Symptome auslösende Wirkungsfaktor, nämlich unbewußt der Tröstung bedürftig zu sein, weil auf irgendeinem Sektor in diesem Leben die Frustrationsgrenze überschritten wurde. Sehr häufig werden damit Ängste ausgelöst, die der Ablenkung und Besänftigung bedürfen. Für viele gehört Essen und Trinken, auch Rauchen zu den üblichen Reaktionen, die auf eine Enttäuschung folgen.

Weil unseren Mitlebenden finanziell vieles ermöglicht wird, ist es der häufig gewählte Weg, sich damit „etwas Gutes zu tun". Meist geschieht dies mit Süßigkeiten, durch große Eismengen oder durch qualitativ sehr erlesenes Essen. Bei Übergewichtigen ist leicht zu beobachten, wie dies abläuft. Wenn bei dem Versuch abzunehmen die Pfunde nicht oder zu langsam schwinden, wird aus Enttäuschung über den Mißerfolg auch ohne Hungergefühl zur unbewußten Tröstung erneut gegessen. Damit entsteht ein Kreislauf, den zu ändern nicht einfach ist.

Die Verhaltensmuster im Umgang mit Frustrationen sind bei vielen ähnlich, aber nicht übereinstimmend, da jeder seinen individuellen Lebenslauf mit entsprechenden Erfahrungen hat, wodurch er geprägt wurde. Aus den im Laufe eines Lebens erfahrenen Lernprozessen läßt sich erklären, welches Reaktionsschema sich entwickelt hat und nun vorherrschend ist. Häufig sind sie übernommen von Leitbildern und Beziehungspersonen der frühen Kindheit. Eine affektiv überreizte oder eine depressive Verarbeitungsweise muß darum nicht ererbt sein, weil Kinder schon ganz früh aus ihrem Umfeld aufnehmen und sich in der Nachahmung von Lebensweisen üben.

In jedem Leben gibt es Enttäuschungen und Erlebnisse tatsächlicher oder vermeintlicher Benachteiligung, ebenso Versagungen. Dies trifft auch dann zu, wenn ein junges Leben von Liebe, Wärme und Gerechtigkeit getragen wird. Es ist in Lebensgesetzen begründet. Ohne Eingrenzung und Begrenzungen kann sich menschliches Leben nicht vollziehen. Es gehört mit zum Menschwerden und ist dabei ein wesentlicher Faktor, der etwas bewirkt, nämlich seine Grenzen zu erfahren und dennoch sich zu entfalten und die Möglichkeiten des Daseins auszuschöpfen. Das bedeutet, sich mit Frustrationen auseinanderzusetzen, ohne dabei geschwächt zu werden.

Der Säugling vertraut den Eltern und der Familie. Selbst ein wohlbehütetes Kind muß im Verlauf seiner Entwicklung mit Enttäuschungen konfrontiert werden. Dies ist nicht zu umgehen und soll auch nicht total vermieden werden. In diesen Auseinandersetzungen wird viel geübt, werden Kräfte aktiviert. Immer wieder macht ein Kind die Erfahrung, daß nicht alles nach seinen Vorstellungen und seinem Willen geht. Nur eine kurze Weile, in der frühen Phase der unkritischen Omnipotenzerlebnisse, ist dem kleinen Menschen vergönnt, sich in Teilbereichen allmächtig zu fühlen. Lennart liebte Musik sehr und wippte dazu mit den Knien. Wenn bei einem Musikstück zwischen zwei Sätzen eine kurze Pause eintrat, gab der gerade zwölf Monate Alte Laute von sich, die zeigten, daß die Musik fortfahren soll. Meist ging es dann auch gleich weiter und Lennart war sichtbar überzeugt, der Verursacher hiervon zu sein. Dabei ist interessant, daß gerade in der Entwicklungsphase der größten Abhängigkeit und Bedürftigkeit die Natur tröstend solche Allmachtsgefühle gewährt. Kinder würden sonst erdrückt in ihrer Situation totaler Unwissenheit.

Die soziale Umwelt erschüttert den Glauben des Kindes an Gerechtigkeit und Liebe, denn es erfährt im Größerwerden auch Ungerechtigkeit und Ablehnung. Dies alles ist mit viel Frustrationserlebnissen verbunden. Die Reaktionen darauf sind unterschiedlich. Schon Säuglinge und Kinder zeigen früh an, wie nachhaltig Belastungserlebnisse aufgenommen werden. Nicola war von einem Schäferhund beim Nachbarn geschnappt und verletzt worden, so daß man mit ihr zum Arzt gehen und auch die übliche Tetanusspritze gegeben werden mußte. Nachdem sie zurückgekehrt eine Stunde bei sich zu Hause war, wollte sie wieder hinüber ins Nachbarhaus, weil sie dort spielende Kinder vermutete. Sie sagte dann erklärend: „Arco ist jetzt wieder lieb."

Wenn ein Mensch durch eine geliebte Person, der er vertraut hat, enttäuscht wird, kann er sich von dieser lösen und sich jemand suchen, dem er wieder seine Zuneigung schenken wird. Er kann aber auch aus dieser Enttäuschung heraus so skeptisch und vorsichtig zurückhaltend werden, daß er keine neuen Beziehungen eingeht und bestenfalls nur oberflächliche Kontakte pflegt. Weitere Enttäuschungen und der damit verbundene Schmerz können zu einer negativen Haltung gegenüber Menschen ganz allgemein veranlassen. Das Ausmaß der Schutzsuche und Zurückhaltung hängt immer von der Fähigkeit ab, Frustrationen ertragen und aufarbeiten zu können.

Weil sich ohne Versagungen und damit verbunden Enttäuschungen ein Miteinanderleben nicht vollziehen kann, ist das Erlernen der Frustrationsbewältigung von großer Bedeutung.

Überbehütende Verweichlichung und die verschiedenen Arten von Verwöhnung führen zu geschwächten Abwehrkräften, die sich in der Auseinandersetzung mit dem, was das Leben jeweils bringt, stärken und entwickeln. Es gibt die Parallele im körperlichen Bereich: Wer seinen Körper dauernd schont, macht ihn anfällig. Bei guter körperlicher Disposition ist in Belastungstests deutlich zu sehen, daß die Herausforderung und Anstrengung die Belastbarkeit, die Leistungsfähigkeit steigert. Streß ist nur als Dauerbelastung abbauend. Zu wenig gefordert sein, zu geringe Konfrontation mit dem, was wir für jede Altersstufe Leben nennen, bringt mit der Unterforderung Schwäche und Angst, wenn Wirklichkeiten uns begegnen. Man lernt dann früh im Rückzug leben, in vertrauten Nischen. Dabei entwickelt sich immer mehr Scheu oder gar Furcht vor dem, was auf einen zukommen könnte.

Wie auch in anderen Bereichen stellen im Umgang mit Frustrationen die Familie und das soziale Umfeld die Vorbilder. Ganz unbewußt bekommen Kinder bei Eltern und Geschwistern mit, wie diese mit Enttäuschungen, Verzichtenmüssen oder Mißerfolg umgehen. Sie wählen sich Leitbilder, die für ihre Lebensgestaltung von größter Wichtigkeit werden. „Meine Muter war immer über alles enttäuscht. Wenn ihr Kuchen nicht ganz nach Wunsch gelungen war, wenn die Mitbewohnerin aus irgendeinem nicht faßbaren Grund nicht freundlich grüßte, wenn ich in der Schule eine Vier geschrieben hatte ... immer umschwebte sie ein leises Deprimiertsein, weil eben wieder alles nicht so war, wie sie meinte, daß es sein sollte. Meine älteste Schwester, die viele Jahre allein mit der Mutter lebte, hat dies übernommen und reagiert heute noch so, obwohl unsere Mutter seit zehn Jahren tot ist. Ich habe mich mehr dem Vater zugewandt und auch bei meiner Großmutter das gefunden, was ich suchte. Sie haben alles genommen, wie es kam und sind damit zurechtgekommen." In einer Arbeitsgruppe ging die Frage an jeden Teilnehmer: „Wie reagierst du, wenn deine Nachbarin oder dein Kollege sich so verhalten, daß es gegen die gewohnte und sonst übliche Art auffällt? Wir wollten nicht hören, was vernünftig und angebracht wäre, sondern was jeder einzelne tatsächlich in solchen Fällen tut. Es sollte damit ins Bewußtsein geführt werden, wie jeder mit Widerwärtigkeiten umgeht, was er dem entgegenzusetzen hat. Dabei stellte sich heraus, daß das vernünftige Tun weit entfernt ist von dem tatsächlichen Verhalten, Wissen und Handeln stimmen nicht überein.

Wir sind im Umgang mit der materiellen Welt in vieler Hinsicht entlastet und kommen mit den Dingen ganz gut zurecht. Das haben wir gelernt. In unserer Zeit, in der materielle Befriedigungen und Wunscherfüllungen für die allermeisten in hohem Grade möglich sind, werden viele umso empfindlicher und verletzbarer, wenn z. B. im zwischenmenschlichen Bereich nicht alles so zu haben ist wie der Kuchen beim Bäcker. Kinder werden in dieser Hinsicht gefährdet, wenn ihre Beziehungspersonen immer als Wunscherfüller auftreten und sie in Erwartungshaltungen und Ansprüche hineinwachsen lassen. Die hieraus entspringenden Gewohnheiten machen diesen Kindern und auch ihrer Umwelt später das Leben schwer.

Es ist gut, über die eigene Frustrationstoleranz nachzudenken und sich zu fragen, wie es um unsere Fähigkeit steht, etwas hinzunehmen, zu ertragen, also Frustration auszuhalten. Diese Fähigkeit ist erlernbar, ist zu steigern und zu üben. Es ist in unserer Zeit Mode geworden, den Körper zu trainieren, um ihn gesund und lebendig zu erhalten, die körperlichen Kräfte zu aktivieren und zu stärken. Dies auf seelischer und geistiger Ebene auch zu tun, um damit Lebenschancen aufzubauen, ist noch nicht im Repertoire des heutigen Menschen. Die Gepflogenheiten guten Benehmens sind nicht nur als oberflächliche Äußerlichkeit zu verstehen. Sie drücken Haltungen aus und etwas vom Umgang mit sich selbst. Die kleine Geste, daß alle beim Essen gemeinsam beginnen, man also warten muß, bis alle geschöpft haben und dann die Frau des Familienkreises das Signal zum Essensbeginn gibt, drückt etwas aus. Zum kultivierten Menschen gehört die Fähigkeit, warten zu können, nicht gleich alle Gier oder den Hunger befriedigen zu müssen. Eigenes Verlangen für eine kleine Weile zurückzustellen um eines gemeinschaftlichen Tuns und Ablaufs willen, ist eine Fähigkeit, die von Kindheit an geübt werden kann und ist auch in unserer Zeit ein sinnvolles Geschehen. Bei Tisch sitzen zu bleiben, bis alle zu Ende gegessen haben, ist für ein Kleinkind überfordernd, jedoch für ein

Schulkind nicht, sofern nicht die Mahlzeiten durch lange dauernde Gespräche verlängert werden. Es gibt viele gute Sitten, die nicht nur dazu da sind zu demonstrieren, daß man zu denen gehört, die wissen wie man sich benimmt. Kindern sind jedoch schwer solche Übungen abzuverlangen, wenn sie nicht von *beiden* Eltern vorgelebt werden. Manche Eltern könnten mit ihren heranwachsenden Kindern Verhaltensübungen nachlernen, die sie selbst zu Hause nicht lernen durften, oder aber weil sie Selbsterziehung verweigerten. „Ich habe mir einiges abgewöhnt und mehr Struktur und Selbstführung in meinen Alltag gebracht. Ich lasse mich nicht mehr in der Arbeit ablenken, auch nicht durchs Telefon. Es läuft mir nun alles viel schneller und ich habe mehr Zeit um mir, wenn alles fertig ist, eine Ruhepause zu gönnen und es mir dann gemütlich zu machen." Diese 40jährige flatterte bisher immer durch ihre Tage, ohne klare Zielverfolgung und immer in der Bereitschaft, sich von dem ablenken zu lassen, was zu tun angestanden hat. Sie war darum auch nie zufrieden mit dem, was sie zuwege gebracht hatte in der Vorstellung, daß andere viel tüchtiger sind. Sie war über sich selbst frustriert.

Eine Möglichkeit im Umgang mit Enttäuschungen ist der Abbau von frustrationsfördernden Bedingungen. Zu frustrierenden Erlebnissen kommen schon Kinder, die im Verhältnis zu ihrem Entwicklungsstand – was nicht mit der Intelligenz gleichzusetzen ist – zu früh eingeschult werden.

Wenn ein Schüler auf dem Gymnasium nur schlechte Leistungen und Zeugnisnoten bringen kann, wird er über Dauerfrustration sich als Versager erleben, was weitreichende Folgen haben kann. Durch Überforderung und Mißerfolge verringern wir unser Selbstwertgefühl. Dies gilt auch für alle Erwachsenen. Oft ist für solche Kinder ein Wechsel der Schulart hilfreich, oder aber die freiwillige Wiederholung eines Schuljahres, um die Chance zu geben für ein wenig Nachreifung der kindlichen Persönlichkeit. Überforderung wirkt destruktiv, Unterforderung und infantile Verweichlichung ebenfalls.

Änderungen auf der Bewertungsebene spielen ebenfalls eine Rolle bei der Lösung von Frustrationen. Wer mit negativistischer und pessimistischer Einstellung lebt, hat es grundsätzlich schwer, weil dies lähmend wirkt und viele Impulse abtötet. Allerdings sind solche Veränderungen, die meist unbewußt verankerte Einstellungen angehen müssen, nicht einfach zu leisten und keinesfalls von heute auf morgen, da sie von lange her Gewohnheit geworden sind und in eingeschliffenen Bahnen ablaufen. Das Bewußtwerden der eigenen Verhaltensweisen ist bereits der erste Schritt zur Möglichkeit hin, etwas bei sich selbst zu verändern.

„Ich will mich freuen lernen … und ich kann es auch schon ein wenig…" sagte ein junger Mann, dem in der Gruppenarbeit aufgegangen war, daß er trotz guter äußerer Voraussetzungen in einem Dauerfrust lebte. Im Spaß nannte ihn ein Gruppenmitglied „frustsüchtig". Er erklärte dies auch aus den Beobachtungen in den kurzen Begegnungen. „Wenn die Sonne schien, nach vielen grauen Tagen und alle sich freuten, war deine Reaktion: ,Es ist viel zu heiß.' Wenn es regnete, warst du schlechter Laune. Mein Hinweis auf die Notwendigkeit dieses Regens und die allgemeine Trockenheit, war deine Antwort ,Ich hab' keinen Garten.' Daß du aber auch mit vom Grundwasser lebst, kam dir gar nicht erst in den Sinn. Als wir miteinander Pizza essen gingen, wolltest du eine solche Pizza, die es dort nicht gab."*

Dies war alles gut beobachtet, und der sich fortwäh-

rend in Enttäuschungen hineinmanövrierende Herr E.
war zunächst natürlich gekränkt und fühlte sich nicht ver-
standen. Wenn aber psychologische Aufdeckung nicht nur
den Spiegel vorhält und bei dem stehen bleibt, was nicht
in Ordnung ist, wird dem Betroffenen weitergeholfen mit
der Suche nach den Wurzeln zu dem, was Bedrückung
und Probleme schafft. Nichts ist ohne Grund. Herr E. ist
zwar für sich selbst zuständig und tatsächlich seines Un-
glücks Schmied. Aber irgendwann hat der Weg ins Ab-
seits begonnen. Darum ist in der psychologischen Arbeit
nicht Verurteilung und Besserwisserei angebracht, viel-
mehr die Suche nach den meist früh erlebten Schädigun-
gen und Prägungen. Damit entwickelte sich Mitgefühl.
Weil die anderen in der Gruppe verstehend und ohne
Vorwurf oder Verurteilung das Kind aufspürten, das in
großer Bedrängnis lebte und von bedrückenden Erwach-
senen umgeben war, entwickelte Herr E. auch Mitgefühl
für sich und das Kind, das er war und von dem er gar
nichts wußte, das jedoch täglich seine Reaktionen be-
stimmte.[2] Wir kannten ihn nun als Leidenden, der den
Weg zu seinem befreiten Ich-Selbst noch nicht gefunden
hatte. Leiden verbindet. Darum wurde er uns nun viel
sympathischer. Er lernte bald danach zu unterscheiden,
was er, der befreite eigene Mensch, und was das von der
Kindheit belastete und geprägte Kind in ihm war, das in
der Enttäuschung und Entsagung beinahe erstickt war.

---

[2] Vgl. Hildegund Fischle-Carl: Ich und das Kind, das ich war. Lebensfreude durch Befreiung. Freiburg, Verlag Herder, 1991.

Anerkennung als Grundlage des Selbstwertes

Wir alle brauchen Anerkennung durch die anderen. Sie kommt einer besonderen Art von Zuwendung gleich. Daß andere zu uns ja sagen, ist die Voraussetzung dafür, uns selbst bejahen zu lernen. Auch hier geht es um Zuwendung zu sich selbst. Selbsterkenntnis erfordert Selbstwahrnehmung. Wir haben in einer Gruppensitzung darüber nachgedacht, was wir an uns selbst mögen und was an uns zu schätzen ist. Diese Erkenntnisse fallen manchen Menschen schwerer als die Eingeständnisse von Schwächen oder Bereichen des Versagens.

In jedem von uns ist das Anliegen von großer Bedeutung, daß wir wahrgenommen werden als das, was wir sind. Dabei geht es um einen Vorgang des Erkennens und damit verbunden um die Zustimmung von seiten des anderen. Ich kann nur etwas anerkennen, dem ich mich wahrnehmend zuwende. Interesse und Anteilnahme gehen einer Anerkennung voraus. Nur über eine gewisse Zuwendung vermag ich den Wert eines Menschen oder einer Sache zu registrieren. Was wertlos ist, findet keine Beachtung und damit ist auch keine Zustimmung möglich.

Darum ist von Geburt an von größter Bedeutung, ob

wir genügend wahrgenommen, beachtet werden und Zustimmung erfahren oder nicht. Dies führt zu dem von klein auf wahrgenommenen Erlebnis, etwas wert zu sein. Für ein Kind heißt dies, für jemanden etwas zu bedeuten. Dies ist auch für den Erwachsenen die Grundlage für Lieben und Geliebtwerden. Anerkennung ist ein Teil davon, eine grundsätzliche Voraussetzung. Sie kann sich auf Teilbereiche begrenzen. Alles, was sich schon früh im Kind als eigenes Ich-Selbst entwickelte, ist davon abhängig, von einem liebenden und geliebten Menschen gespiegelt zu werden. Das geht soweit, daß ohne die bejahende Reaktion des Nächsten – in der Regel sind es Vater und Mutter – sich kein Kern im eigenen Selbst bilden kann. Hier werden die Grundsteine, das Fundament des Selbstwertes gelegt. Allen Selbstsicheren und in sich selbst Verankerten ist in irgendeiner Form durch die Bejahung und durch Spiegelreaktionen der anderen das widerfahren, was sie verstärkte, ermutigte und letztlich kreativ werden ließ. Wir reden hier von etwas wesentlich Elementarem beim Menschwerden. Selbst die ins Anormale Abgeirrten suchen sich wertgebende Normen. Sie wollen Anerkennung ihrer Grausamkeiten und kriminellen Taten von Ihresgleichen.

Herr M. ist ein lebensfroher, privat und beruflich anerkannter Mann. Im Betrieb kommt man zu ihm, wenn etwas schief zu gehen droht, weil er nie verzagt und immer auch Lösungen findet. „Wir werden das schon schaukeln …", lautet seine ermutigende Devise, die auch die anderen stets anspornt und beflügelt. In einem Gespräch mit ihm erfuhr ich, daß er schon in seiner Kindheit bei Schwierigkeiten nie aufgab und hartnäckig nach Lösungen suchte und meistens fand. Es war seine Mutter, die in ihm großes Vertrauen in die eigenen Potenzen hat wachsen lassen. Er hatte keinen Vater. Doch hörte er die aus tiefster Überzeugung stammende Rede seiner Mutter immer wieder: „Er wird das schon hinkriegen... er schafft das." In der ihr eigenen Sicherheit und Stabilität gründete viel Vertrauen in die eigenen Kräfte. Tragende Gelassenheit ließ auch in ihrem Sohn das wachsen, was wir Selbstvertrauen, das Wissen um die eigenen Fähigkeiten und Möglichkeiten nennen, verbunden mit der Sicherheit, darauf bauen zu können. Nur dann werden vorhandene Fähigkeiten abrufbar. „In meinem Umfeld sind viele Mitarbeiter, die von ihren Begabungen und ihrer Intelligenz her genauso gut wie ich Schwierigkeiten und Problemsituationen bewältigen könnten. Aber sie sind ängstlich und trauen sich selbst nicht. Es fehlt ihnen an Mut und Sicherheit." Dieser Mann hat klar erkannt, daß oft nicht unser Können allein darüber entscheidet, was wir zuwege bringen, sondern die innere Gewißheit zum Gebrauch eigener Fähigkeiten, die zu zuversichtlichem Denken und Handeln führt.

Nachdem die Weichen hierzu früh gestellt werden und es mühsam ist, spätere Regulierungen zu erreichen, ist es erschreckend, wie wenig hierüber Eltern, Lehrer und Ausbilder unterrichtet werden. Zweifellos gibt es akademisch abstrakte Sätze hierüber. Die Erfahrung zeigt, daß damit noch lange nicht Handlungsebenen erreicht werden. Das schöpferische Gestalten, wie psychologische Erkenntnisse umgesetzt und ins lebendige Leben eingebracht werden können, überläßt man dem einzelnen Unerfahrenen und damit dem ewig Gestrigen. An einer pädagogischen Hochschule wurde eine Studentin von ihrem Professor empört abgewiesen, als sie nach einer praktischen Umsetzung einer sehr abstrakt vorgebrachten Theorie fragte. „Das ist nicht meine Sache, ich bin Wissenschaftler..." Die Folgen solch begrenzten Wissenschaftsverständnisses sind riesengroß. Egozentriker und Ehrgeizlinge zelebrieren sich selbst, sind krankhaft auf der Suche nach Anerkennung und Bestätigung und behindern die Verwirklichung echten Fortschritts. Wenn in der Menschenführung und Pädagogik die praktische Anwendung des aufbauenden Prinzips von Bestätigung und Anerkennung gelehrt und geübt wird, gibt es weniger Schulversagen, werden seltener Lehren abgebrochen, erfolgt weniger Stellenwechsel. Wer Erfahrungen mit konstruktiven Helfern macht, wird zu mehr Selbstvertrauen hingeführt und darüber hinaus zu positiven Möglichkeiten der Begegnung mit anderen Menschen. Dem Kind und Jugendlichen sind dann Erwachsene nicht mehr Besserwisser, sondern Helfer. Mit der Zeit führt dies zu verändertem Zusammenleben. Der andere ist dann nicht mehr unbedingt ein potentieller Feind, gegen den man sich auf alle Fälle zunächst ablehnend verhalten muß.

Wir rühren hier an einen wichtigen Punkt in der Auseinandersetzung der Generationen, was auch weitreichende politische Folgen hat. Die Auswirkungen von früh erfahrenen destruktiven und menschlich nicht aufbauenden Beziehungen schaffen Spannungsfelder und können sich zu explosiven Potentialen entwickeln. Nicht allen gelingt es, durch ehrgeizige Übertreibungen Beachtung zu erringen. Neben dem Weg in die Resignation gibt es auch den Ausweg in die Aggression und Zerstörung, wie wir sie in unseren Gesellschaftsformen zunehmend erleben, man könnte auch sagen provozieren.

Solange wie bisher leichtfertig und unwissend Entmutigungen ausgelöst werden und der Selbstwert des einzelnen blind negiert wird, entwickeln sich Versagensängste und Aggressionen gegenüber dem Verursacher. Darum werden für alle Übel in der Welt von solchermaßen belasteten Menschen immer Sündenböcke und Möglichkeiten der Schuldzuweisungen gesucht. Eine solche explosive Lösung von Rachegefühlen über Schuldsprüche vollzieht sich gegenwärtig in der Auseinandersetzung mit Ausländern. Die Gewalttaten und kriminelle Verhaltensweisen sind auf beiden Seiten bei Einheimischen und Ausländern voll im Gange. Hier wie dort werden an Unschuldigen Racheakte vollzogen. Die Unfähigkeit der Politiker aller Parteien, sinnvolle Lösungen zu finden, wird nicht laut genug angeprangert. Die Empörung aktiviert blinde Affekte der Zerstörung. So handeln Menschen, die von klein auf weder zu Hause noch in der Schule oder Ausbildungszeit lernen durften, wie Menschen miteinander Probleme lösen, miteinander reden können und wie sich sinnvolles Handeln gestaltet. Es scheint, daß auch unsere Politiker als Arrivierte und mit Beachtung und Anerkennung Beschenkte erschreckende Defizite haben im Umgang mit Menschen. Weiß der Bundespräsident, der schöne Reden zu halten vermag, was sich in unseren Schulen abspielt, wenn in den Klassen ein sehr hoher Anteil an ausländischen Schülern ist? Hat er sich von den Lehrerinnen solcher Klassen berichten lassen, was sich hier vollzieht und in welchen Nöten nicht nur viele Schüler, sondern auch Lehrer sind?

Durch viele solche Erlebnisse werden bei den Bürgern Ohnmachtsgefühle ausgelöst. Dies reaktiviert Kindheitsängste vor allem bei denen, die nicht in einer beschützten, geordneten Welt groß werden durften und nicht Sicherheit und Eigenwert erleben konnten. Sie fühlen sich bedroht, wenn ihr erarbeiteter Standard in Frage gestellt wird. „Ich fühle mich durch destruktives Verhalten von anderen nicht beunruhigt", sagte mir eine junge Ärztin. Das glaube ich ihr. Sie war in einer abgeschirmten, gutbürgerlichen Welt groß geworden und hatte sich einen hohen sozialen Status errungen. Es ist aber auffällig, wie viele von all den Arrivierten, die in der ihnen eigenen und auch heute noch geschützten Umwelt leben, überhaupt nicht in der Lage sind, jenseits von ihrer persönlichen, gesicherten Welt mitzufühlen, welche Beunruhigungen bis hin zu Ängsten ausgelöst werden können bei denen, die um ihren eigenen Wert bangen müssen. Die mit Mühe aufgebaute Selbstbestätigung wird durch die Berührung mit Fremden bedroht, wenn diese sich nicht in unsere Gesellschaft einpassen können. Viele von den Aufrührern und aggressiven Aktivisten sind im eigenen Inneren verunsichert. Sie fühlen sich zum Teil selbst am Rande in unserem Kollektiv und damit nicht zugehörig und nicht geborgen in ihrem Umfeld. Eigene unbewußte Minderwertigkeitsgefühle, Ohnmachts- und Wertlosigkeitserlebnisse aktivieren die Ablehnung bis zur tätlichen Abwehr gegenüber denen, die anders sind. Projektiv bekämpfe ich dann in ihnen meinen eigenen Unwert und das, was in mir selbst an Unangepaßtem und Unbewältigtem rumort. Je mehr Zweifel der einzelne an sich hat, je vielfältiger seine Bedürfnisse nach Anerkennung unbefriedigt blieben, umso mehr wächst der Haß gegenüber den Fremden, umso größer wird auch das Bedürfnis nach Schutz für den eigenen Bereich, in dem ich lebe und beschützt sein will. Wer sich selbst im Grunde in der Gesellschaft nicht angenommen und anerkannt fühlt, dies nicht ausreichend erfahren durfte, bekämpft nach dem Pickhuhnverhalten den nächst Schwächeren, um sich selbst stärker zu erleben. Wer dabei noch glaubt, für eine gute Sache, für den Schutz der ihm nahestehenden Menschen sich einsetzen zu können, bei dem werden egoistische Wünsche neutralisiert durch einen sozialen Gefühlsanstrich.

Die kriminellen Linken waren und sind Menschen, die ihren Hunger nach Anerkennung und Werten mit der Identifizierung mit Ideologien und Idealismen zu befriedigen suchten und dabei nicht vor Raub, Mord und Totschlag zurückschreckten. Sie heroisierten ihre Verbrechen, indem sie sich im Auftrag einer hohen Aufgabe fühlten und erreichten damit ähnliche Besessenheit, wie wir sie bei religiösen Fanatikern finden. Die Kriminellen aus der rechten Szene waren und sind blind Getriebene, die ihre eigene Wertlosigkeit dadurch aufzuwerten bemüht sind, sich und die anderen im eigenen Land vor Überfremdung und damit verbundener Ausbeutung zu schützen. Das Eigene, an dem sie teilhaben und in dem sie Geborgenheit suchen wollen, wird dann mit hohen Wertbesetzungen hochstilisiert. Auch hier steht psychisch die Suche nach Aufgaben und Einbringen der eigenen Persönlichkeit im Vordergrund, um Anerkennung und Sinn-Gefühle zu erleben. Auch hier werden die kriminellen Taten heroisiert und scheinbar legalisiert. In solchen Gruppen sammeln sich in beiden Lagern junge Menschen mit starkem Verlangen nach Aufwertung und Übernahme von Aufgaben. Hier wie dort mußten Sündenböcke, Schuldige gefunden werden. Auf beiden Seiten vollziehen sich Versuche, die Realität mit unangemessenen Mitteln gewalttätig zu verändern. Die vermeintlich edlen Motive verändern das Rechtsbewußtsein. Dadurch wird es erleichtert, das in der eigenen psychischen Fehlentwicklung und Neurotisierung angestaute, destruierende Potential auszuleben. Der Haß auf all die in der Gesellschaft, die ihnen Anerkennung und Beachtung zu geben verweigert haben, wird nun auf die vermeintlichen Sündenböcke projiziert. Auf sie prasselt dann die angestaute Wut.

„Als ich abgeführt wurde, hatte ich das starke Gefühl, ernst genommen zu werden. Man war auf mich aufmerksam geworden", sagte ein Vierundzwanzigjähriger nicht ohne Stolz. Ein Komplize formulierte: „Wenn ich schon nichts gelte, dann will ich auch was davon haben. Wenn ich schon keiner bin, der beachtet wird, dann will ich wenigstens auf die Pauke schlagen. Einmal richtig ein Ding drehen ... in der Zeitung stehen ... Dann kannste eine Weile Knast aushalten." Auch er hatte die Befriedigung derer, die sich in den Reihen bei denen sehen, die nichts gelten. Sie identifizieren sich mit dem Un-Wert-Erlebnis und handeln entsprechend. „Wenn Ihr schon meint, daß ich so bin, dann werde ich es Euch auch zeigen ..." „Gut sein lohnt sich nicht", sagte ein 14jähriger.

Dies sind alles Aussagen über uns Erwachsene, über unsere Art, wie wir mit Kindern und jungen Menschen umgehen. Wer sie ernst nimmt, gibt ihnen damit keine Narrenfreiheit. Er ist aber um das Verständnis ihrer nicht immer offen sichtbaren Probleme bemüht. Damit kann man sich zum Helfer entwickeln. Schnelles Verurteilen ist leicht und zeigt Unreife des Verurteilenden. Nichts ist einfacher und alberner, als mit Wissen, Können, Erfahrungen gegenüber Jüngeren zu protzen. Früher wurde Achtung und damit Anerkennung gegenüber den Alten verlangt. Es war nahezu verboten, darüber nachzudenken, ob dieser Mensch berechtigt unsere positive Stellungnahme verdient. Blinde Ehrfurcht wird in unserer Gegenwart abgelehnt. Dies hat auch gute Gründe. Es besteht doch bei der unreflektierten Bewunderung immer die Gefahr, daß man äußere Errungenschaften und Angelerntes hochschätzt ohne zu wissen, wie der dahinter stehende Mensch sich in seiner Menschlichkeit bewährt hat.

Wir können aus heutigen Erkenntnissen heraus fordern, Kindern und dem heranwachsenden jungen Menschen entsprechende Achtung und Aufmerksamkeit zu schenken. Wer aber aufbauend mitwirken will an der

Gegenwart und Zukunft, muß über sein Verhalten und Verhältnis gegenüber Jüngeren nachdenken. Wer im alten Schema bleibt, gehört mit zu denen, die Destruktives bewirken.

Gerade weil die meisten unter uns wenig Bejahung und aufbauende Spiegelung erfahren durften, leiden viele und sind, ohne es zu wissen, sehr der Anerkennung bedürftig. Dies gilt auch für uns Erwachsene, ebenso für die älteren Menschen. Wir alle haben das Grundbedürfnis, über uns, unser Tun und Sein, also über uns als Mensch, positive Reaktionen zu erhalten. Wer wenig Bejahung erfahren durfte, verhält sich später ähnlich wie seine frühen Beziehungspersonen.

„Mein Vater und meine Mutter haben sich nie in den Arm genommen. In unserer Familie gab es keine Zärtlichkeit. Man hatte kein gutes Wort füreinander... Ich scheue mich auch, meinem Partner etwas Liebes zu sagen, obwohl ich es gerne möchte. Im Grunde kann ich nie Gefühle äußern und komme damit in große Verlegenheit. Am ehesten kann ich mich negativ äußern." Sohn und Tochter dieser Familie sind wie die Eltern und Großeltern beide stark gehemmt in zärtlichen und anerkennenden Äußerungen gegenüber anderen Menschen. Auch bei diesen Geschwistern gibt es untereinander keine Geste der Zuwendung oder gar zärtliche Anerkennung. Jeder hat selbstverständlich seine Pflicht zu tun. Hier vollzieht sich über viele Generationen karges, vertrocknetes zwischenmenschliches Leben. Alle Beteiligten kümmern im Hinblick auf Daseinsfreude und Lebenslust. Im Grunde sind alle latent depressiv. Dies wissen sie aber nicht, denn sie halten aus ihrer Lebenserfahrung heraus ihre Art zu leben als völlig normal. „Einmal habe ich meinen Vater überrascht, wie er mit unserer Katze schmuste und fast ein

wenig zärtlich war. Als ich ins Zimmer kam, schob er das Tier sofort von seinem Schoß. Ich hatte den Eindruck, als habe er sich ertappt gefühlt. " Wo noch ein klein wenig Emotionalität gelebt werden darf, da werden Tiere oder Blumen, manchmal auch Enkelkinder Ersatzobjekte für einen Menschen, dem eigentlich diese Zuwendung und verborgene Herzlichkeit gelten sollte.*

Aus sich selbst heraus finden diese Gehemmten nicht allein den Weg zur Förderung und Befreiung der eigenen Möglichkeiten und damit zu einem befreienden Ich-und-Du-Erleben. Die Verhärtung und Verkrustung führt oft dazu, daß ein liebevoller Umgang im Miteinander anderer Menschen ironisiert und belächelt wird. Dann witzelt man über das, was einem selbst verwehrt ist. Wer seine eigenen Mängel und Probleme nicht bewußt werden lassen kann, erlebt seine verzerrten Verhaltensweisen als Norm. Die damit verbundene Lernunfähigkeit hat oft fatale Folgen, weil sich dadurch in Familien und Kulturkreisen negatives Verhalten und Handeln fortsetzt über Generationen.

Es ist eine psycho-logische Folge, daß viele, die an Mangel gelitten haben und wenig anerkennende Spiegelungen und Eigenwerterlebnisse erfahren durften, sich aktiv bemühen, um nicht in Resignation oder gar Depression zu verfallen. Hierzu stehen vielerlei Wege offen. In unserer männlich geprägten und leistungsbesessenen Welt versuchen viele mit besonderem Ehrgeiz und extremem Leistungswillen sich persönlich zu profilieren. Gesehen und beachtet zu werden ist das große Anliegen für den, der von klein auf allzuwenig Beachtung erfahren hat. Dabei geht es primär nicht um die Freude an dem eigenen Können und um das Erlebnis der eigenen Leistungsfähigkeit, vielmehr um das verängstigte, verunsicherte Ich, das sich damit vor den anderen und auch vor sich selbst zu zeigen traut. Das sich verzehrende Ringen um Beachtung, das im allgemeinen auch mit Statuserfolgen verbunden ist, entartet oft und führt zuweilen zu gesundheitlichen wie auch zu menschlichen Katastrophen. Denken wir nur an den erfolgreich Hochgekletterten, dem es schließlich am wohlsten ist, wenn er in sein berufliches Tätigkeitsfeld flüchten kann, weil er für anderes Leben und andere Daseinsformen keine Antennen mehr besitzt.

Die in vieler Hinsicht Empfindlichen, die allzu leicht gekränkt und beleidigt sind und die auch keine Kritik ertragen können, sie alle weisen in diesem Verhalten darauf hin, daß sie immer und alles auf sich beziehen, Egozentriker sind, die nicht der Sache dienen wollen, obwohl sie dies vor sich selbst und vor den anderen vorgeben und auch selbst glauben. Im Grunde aber benützen sie die sachlichen Gegebenheiten für ihre ehrgeizige Selbstdarstellung und ihren persönlichen Erfolg. Solches Verhalten ist darum bei vielen Erfolgreichen zu beobachten. „Wer unserem Professor widerspricht, der kann sich gleich nach einer neuen Stelle auf den Weg machen…" „Was unser Chefarzt sagt, ist richtig, auch wenn der Patient dabei geschädigt wird. Notwendige Änderungen im Therapiekonzept müssen wir ihm so darstellen, als ob er das doch schon früher selbst in Erwägung gezogen hätte." „Mein Gott, mein Chefkonstrukteur hat mir heute gesagt, daß ich in meiner Lösung recht habe und hat dies voll übernommen. Das war noch nie da." An solchen Beispielen ist zu sehen, daß der Mensch in uns häufig nicht mit dem Erfolg mitwächst. Sie zeigen auch, daß Intelligenz und Berufsbildung keinerlei Gewähr bieten für menschliche Entwicklung und Reife. Im Gegenteil werden manche durch ihre

Positionen für andere gefährlich, weil sie fast krankhaft allen Glanz und Ruhm auf sich selbst ziehen müssen. In solchen Fällen ist der nächste Schritt der Machtmißbrauch bis hin zur Tyrannei. Es ist für den denkenden Menschen wichtig zu erkennen, welch gigantisches Maß an verborgener Selbstunsicherheit und an unbewußten Selbstzweifeln sich hinter all dem verbirgt.

Auch der Perfektionismus, der sich in vielen Bereichen zum Ausdruck bringen kann, geht in diese Richtung. „Meine Mutter hat den Zwang, immer alles aufgeräumt und wie für Besuchsempfang hergerichtet zu haben. Sie sagte mir, sie schlafe besser, wenn sie abends die Küche voll in Ordnung gebracht habe. Auch wenn es einmal sehr spät wird, kann sie davon nicht abweichen. Sie kommt mir vor wie ein gehetztes Tier, das keine Entscheidungsfreiheit hat." Wer von einer strengen Über-Ich-Instanz wie ein Kind angetrieben wird, kann tatsächlich wenig über sich bestimmen. Er unterliegt dem inneren Diktat introjizierter Maximen. Sie wirken wie Zwänge und dürfen nicht durchbrochen werden, weil sie sonst Ängste auslösen. Der dahinter stehende Grundsatz heißt ungefähr: „Wenn ich nicht alles vollkommen erledige, bin ich zu verurteilen, und man kann nicht mit mir zufrieden sein." Das heißt Wertverlust. Hinter den Zwängen steht immer ein Ringen um Erhaltung von Selbstachtung und Selbstwert. Die Angst vor Verurteilung entsteht umso leichter, je weniger Rückgrat im Sinne von Selbstwert aufgebaut werden konnte. Es gilt nicht nur für Kinder, sondern auch für Erwachsene der Grundsatz: Je größer die Unsicherheit, desto größer ist das Bedürfnis nach vermeintlicher Sicherheit und Halt. Dies gilt genauso für Rechts- wie Linksradikale, die sich seelisch, geistig oder auch leiblich eine Zone schaffen wollen, in der sie sich und ihre Bedürfnisse leben können. Auch der Professor, Chefarzt oder Top-Manager baut sich Schutz-Sicherheiten, wenn er sich hinter Unantastbarkeit verschanzt.

Als Schutz- und Bestätigungsverlangen kann auch das extreme Rechtmachen gesehen wrden. Wie die ewigen Zögerer und Ängstlichen wagen auch sie ebenso wenig zu sich selbst zu stehen. Zwanghaftes Korrektsein, der Anspruch auf Tadellosigkeit und Vollkommenheit kann die plagen, die immer um ihre Bestätigung bangen. Für all die erwähnten Verhaltensweisen, die Schutz und Absicherung anstreben, muß viel psychische Energie aufgewendet werden, die nicht mehr anderweitig eingesetzt werden kann, nämlich für kreative, aufbauende und sich selbst stärkende Prozesse. In der tiefenpsychologisch fundierten Einzel- und Gruppenarbeit erleben wir, wie proportional zum entwickelten Vertrauen in die eigenen Kräfte nicht nur Selbstwertaufbau, sondern auch die Befreiung von Ängsten und Unsicherheiten einsetzt. Es gibt unendlich viele, die gar nicht wissen, was sie wert sind.

Unser Zusammenleben erfährt eine ungeahnte Erleichterung und zugleich Bereicherung, wenn wir lernen, einander Anerkennung und Bestätigung zu schenken. „Mein Mann gibt mir kein gutes Wort ... Was ich auch mache und leiste, ist immer selbstverständlich. Im Kritisieren ist er jedoch ganz groß." Diese Frau wußte nicht, daß sie selbst zu dieser Form des Zusammenlebens übergegangen war. Auch sie signalisierte dem anderen selten etwas Positives. Keiner von den beiden konnte den Partner zur Geltung bringen. Sie waren sich nicht bewußt, daß sie im Kampf gegeneinander lebten. Jeder rang um seinen Selbstwert auf Kosten des anderen. Keiner war bereit, zuerst damit zu beginnen, das zu geben, wonach sie beide so sehr verlangten. Er stürzte sich extrem in seinen Beruf, um sich dort viel Bestätigung zu holen. Sie wählte die Flucht zum Kind, um sich einen Wert als besonders gute Mutter zu erringen.

Zum bewußten Zusammenleben gehört auch die Wahrnehmung dafür, was mein Gegenüber, wer es auch sei, an Zustimmung und Bejahung braucht. Dies zu verstehen, zu akzeptieren und als Partner entsprechend zu reagieren, führt dazu, über den eigenen Anerkennungsgeiz hinauszuwachsen. Wenn der andere nicht rasch mitwachsen kann, bedarf es etwas an Zeit und Geduld. Nach solchem Zuwarten kann er in entsprechenden Situationen auf sein Problem angesprochen und ihm ins Bewußtsein geführt werden, daß man auf die Dauer nicht nur nehmen kann ohne zu geben. Dies ist keine moralische Thematik, sondern eine psychologische. Wer beim Nehmen stehen bleibt, infantilisiert sich und weitet sich nie zu einer Persönlichkeit, die zu geben vermag. Die Beglückung des Gebens und Schenkens erfordert eine gewisse Reife, die sich für den Gebenden noch viel positiver auswirkt als für den Beschenkten.

Ob zwischenmenschliche Beziehungen fruchtbar sind, hängt davon ab, ob man sich gegenseitig zu fördern vermag durch Erlebnisse, die den Eigenwert aufbauen. Dies setzt voraus, nicht mehr um Vorrang und Überlegenheitsgefühle für sich selbst zu kämpfen, sich zu lösen von der Sucht, eigene Bestätigungen und Größenerlebnisse zu erhaschen. Bei Menschen, die frei sind von solchen oft zwanghaften Reaktionsweisen, ist es gut zu sein. Hier knistert nicht der häufig unbewußt geführte Machtkampf im Hintergrund, vielmehr ist unser wohliges Gefühl getragen von entwickelter Menschlichkeit. Auf solcher Ebene können auch anstehende Probleme mit der Zeit gelöst werden, seien es Partnerschaftsschwierigkeiten oder Spannungen mit Kindern oder Freunden.

Nicht nur in den privaten Bereichen unseres Lebens geht es um Kreativität im Miteinanderleben. Wenn wir auch im beruflichen Feld, in dem wir viele Stunden unserer Tage zubringen, konstruktive Bejahungen einbringen und Entsprechendes auch über die anderen erleben können, wird der Arbeitstag positiv. In den Betrieben und in der Arbeitswelt werden noch heftig die nicht aufgearbeiteten Mangelerlebnisse und unbefriedigten Wünsche agiert. Ellenbogenmenschen, Profilierungssüchtige, Empfindliche und stets Gekränkte, ihre kleinen Machtpositionen ausspielende Mitarbeiter oder Vorgesetzte sind Störfelder und Belastungen. Mit entsprechender Hilfe und Schulung kann sinnvolle Begegnung erlernt und geübt werden. Damit wird ein Arbeitsklima geschaffen, das den einzelnen Menschen und ebenso den zu bewältigenden Aufgaben zugute kommt. Die optimale Leistungsfähigkeit und Kreativität wird nur in einem psychisch guten Klima erreicht. Davon profitieren alle, und was in der Geschäftswelt nicht unwichtig ist: Es zahlt sich aus. So formulierte es ein Chef eines mittleren Unternehmens, der in seinem Betrieb in dieser Hinsicht einiges in Gang gesetzt hatte: „Meine Kollegin ist sehr verwundert über mich, weil ich fröhlicher bin, mich von ihren Empfindlichkeiten nicht mehr beeindrucken lasse und vor allem ihre Angst vor dem Abteilungsleiter nicht mehr teile", erzählte ein Gruppenmitglied, das schon zweimal den Arbeitsplatz gewechselt hatte wegen allen möglichen Schwierigkeiten.

Reine Pflichterfüllung und freudlose Aufgabenbewältigung ohne Anerkennung und ohne gelegentlich ein gutes, persönliches Wort führen nicht zu Lebensfreude, eher in die Krankheit. Echte anerkennende Stellungnahme führt zu Glücksgefühlen und einer Be-friedigung im Sinne eines Friedens mit sich selbst und den anderen.

Wer den anderen aufzubauen vermag, wird zu einem wesentlichen Faktor in der Welt, in der wir leben. Wer zu geben vermag, ist immer reicher, als der nur um sich selbst Besorgte. Der Zugang zum anderen erweitert die eigene Welt. Wer nur sich selbst nachjagt, verfehlt sich selbst.

Schweigen ist selten Gold

Wer mit Beratung zu tun hat und von den vielfältigen Beziehungsproblemen, den schwerwiegenden ungelösten Konflikten, von dem Versagen im Miteinanderleben zu hören und zu sehen bekommt, wird immer wieder aufs neue darüber erschüttert, wie wenig Menschen einander von sich selbst etwas mitteilen, auch wenn sie täglich beieinander leben und zusammen sind.

Ein Mann weinte in einem Beratungsgespräch still vor sich hin, als er hörte, daß seine Frau gerne mit ihm schläft, sich bei ihm und mit ihm wohlfühlt im Miteinandersein und Ineinandersein. Noch nie hatte sie ihm dies kundgetan; nichts dergleichen war jemals ausgedrückt worden. Die Beziehung dieser beiden war erschüttert worden, als eine andere Frau für diesen Mann bedeutsam geworden war. In dieser neuen Freundschaft war alles ganz anders als der männliche Partner bisher gewohnt war. „Mit dieser Frau gibt es Gespräche … Wir unterhalten uns über vieles, auch Belangloses und dabei kommt immer etwas heraus, was uns das Gefühl des Naheseins gibt."
Eine Frau in einer ähnlichen Situation formulierte es so: „Wir müssen nicht miteinander schlafen oder bestätigende,

schöne Reden führen. Wir schweigen auch oft miteinander, weil wir uns schon viel voneinander erzählt haben. Das Wissen um den anderen verbindet gegenseitig. Ich hätte nie gedacht, daß unsere Gespräche bei einer Tasse Kaffee, auf einem Spaziergang oder im Auto so viel auslösen können an Verbundenheit und Verstandenfühlen. Als mein Mann eifersüchtig wurde, vermutete er in meinem Freund einen raffinierten Verführungskünstler, der wie er selbst möglichst gleich und oft mit seiner Frau Sexualität sucht. Ich habe nicht geschwindelt, wenn ich meinem Mann zur Beruhigung sagte, daß wir nur miteinander sprechen und auch nur ganz harmlose Themen und Mitteilungen aus unserem Leben eine Rolle spielen. Das hat meinen Mann zunächst beruhigt, denn er konnte sich gar nicht vorstellen, daß daraus etwas Ernsthaftes und unsere Beziehung Gefährdendes entstehen könnte. Solange er meiner Aussage Glauben schenkte, hielt er den anderen für impotent und nahm ihn als Rivalen nicht mehr ernst. Im Laufe der Zeit spürte er jedoch mein eigenes Verwandeltsein. Wie mir auch gute Bekannte bestätigten, habe ich mich in dieser Zeit wahrnehmbar verändert, was schließlich auch meinem Mann nicht verborgen blieb. Nun glaubte er, daß ich ihn belogen habe und mit dem anderen ein Verhältnis hätte, weil er sich eine andere Form von Beziehung nicht vorstellen konnte."

Bei einem anderen Paar kam zur Sprache, daß der männliche Partner voll Anerkennung und Zufriedenheit wahrnahm, wie gut seine Frau für ihn und die Familie sorgt, nicht nur, weil sie seine Hemden schön bügelte und weil sie ihm hervorragend kochte. Er wußte auch um das gute und schöne Zuhause, das sie gestaltete. Darüber hinaus war dieser Mann sich voll bewußt, wie wesentlich dies alles für ihn war als Grundlage für seinen von vielen bewunderten Aufstieg in seinem Beruf. Sie hatte sich in ihrer

Nur-Hausfrauenrolle und durch die Aufgabe eigener Ziele immer mehr am Rande erlebt und nicht gesehen, daß seine Erfolge im Grunde wahrhaftig auch die ihrigen waren. Sie war der Humus, in dem er leib-seelisch gedeihen konnte. Mit ihr vermochte er vieles zu besprechen. Sie hatte oft Gefühl und Instinkt für Situationen wo es ihm an Witterung mangelte, und er sich auf ihr Urteil verlassen konnte. Es war seine Frau, die ihm half, ein Vater zu werden, der für seine Kinder wichtig war. Seine leib-seelische Gesundheit war ihr zu verdanken, und er fühlte und wußte dies. Eines aber war ihr nicht gelungen, nämlich ihrem Partner zu signalisieren, daß sie nicht nur als Frau, sondern ganz schlicht auch als Mensch für ihr Tun, ihre Hingabe, ihren Einsatz und für ihre Verzichtleistung die entsprechende Anerkennung brauchte. Nie war dies in den vielen Jahren der Gemeinsamkeit zur Sprache gekommen. Es war für sie selbst und für die anderen ganz selbstverständlich, daß sie in all ihrer Bedeutsamkeit da war, wie ein Baum, wie eine beglückende Landschaft, wie das Wasser, das vor Dürre schützt und das Leben fördert. Frau L. war viele Jahre in diesem Geschehen und in dieser ihrer Familie glücklich. Erst als die Kinder größer wurden, mehr Konflikte und Spannungen auftraten und zu lösen waren, war sie manchmal überfordert, fühlte sich müde und schlapp, kam etwas wie Unzufriedenheit in ihr auf. In den Beratungsgesprächen wurde deutlich, daß in dieser an sich glücklichen Familie allzuviel selbstverständlich war, was es im Grunde gar nicht ist. Nie ist in den Zeiten glücklicher Gemeinsamkeit zur Sprache gekommen, welche Rolle Frau L. dabei spielte und was ihr Anteil am Gelingen dieser Jahre war. Frau L. wußte nicht, daß ihr Partner sich bewußt und auch von dem Gefühl erfüllt war, was seine Frau für sie alle und speziell für ihn bedeutete. Das war jedoch nie zur Sprache gekommen. Es fehlte am mitteilen-

den Wort, das der andere braucht als Signal und zur Ab-
klärung eigener Unsicherheiten.

Wer kann schon ohne deutliche Bestätigung der eigenen
Person leben? Geschenke und Blumensträuße allein genügen nicht immer. Sie sind zwar auch wichtig in ihrer
Aussage und Bedeutung. Wenn wir dem anderen jedoch
noch in Worten mitteilen können, was wir fühlen, hat
dies Signalwirkung und rührt mehr ans Innere. Es ist
intime Zuwendung und Vertrautsein, wenn wir formulieren, was wir fühlen. Dabei geht es darum, aus dem eigenen Inneren dem vertrauten Menschen etwas sichtbar
und deutlich werden zu lassen, also um ganz Intimes. In
solcher Weise ist das Reden etwas ganz Bedeutsames.

Viele von uns sind von klein auf gewohnt, daß sie
nichts zu sagen haben und besser den Mund halten. Kinder werden als Gesprächspartner noch immer selten
ernst genommen. Man hört ihnen nicht zu, versteht oft
nicht den Wert ihrer Aussagen, lächelt darüber. Wer als
Kind öfters ausgelacht wurde, wird vorsichtig in seiner
Mitteilung. Um mitteilsam zu werden, bedarf es der Bestätigung und Ermutigung. In wenigen Familien werden
Gespräche erlebt, gibt es die Formulierung von dem, was
man in sich spürt, in einem vorgeht. Dann entwickelt
sich früh Schweigen als Verhaltensweise, eben dann,
wenn keine Leitbilder uns vorleben, wie Menschen miteinander in Beziehung treten durch gesprochene Worte,
die ganz persönliche Signale sind.

Ohne dies kann Zusammenleben in den sachlichen
und vom Alltag vorgegebenen Abläufen ganz gut funktionieren. Es wird dann über das gesprochen, was zu tun
ist, was erledigt, organisiert und bewältigt werden muß,
eventuell auch noch etwas über andere Leute. Hier geht
es um gut eingeschliffenes, kooperierendes Nebeneinan-

der. Beim Miteinander muß darüber hinaus mehr eingebracht und vom einzelnen dazugegeben werden, etwas
von ihm selbst und seinem persönlichen Sein: Der eine
weiß dann um die Empfindungen des anderen, um seine
Gefühle und auch um die nicht immer sichtbar werdenden Affekte, kurzum um sein Befinden und um Erlebnisse und Erfahrungen, die etwas damit zu tun haben.
Dies vollzieht sich nur, wenn man miteinander und zu-
einander sprechen kann. Hierzu brauchen wir nicht viel,
jedoch ein wenig Zeit und Ruhe, damit ein Gespräch
zustande kommen, eine Aussage sich entwickeln kann.
Ohne solche Ich-und-Du-Erlebnisse wird das Zusammenleben kümmerlich, denn unser Wesen vermag sich
nicht zu entfalten ohne wesentliche Begegnungen, in denen wir uns durch Worte einander nähern.

Bei manchen wird das intime Vertrautsein durch die
sprachliche Zuwendung und Offenheit über sich selbst
ersetzt durch Mitteilungen über andere. Die Gemeinsamkeit besteht dann darin, andere Leute zu beobachten, zu deuten, zu beurteilen und zu verurteilen. Man
freut sich darüber, einer Meinung und in Übereinstimmung zu sein. Dabei wird vieles unter die Lupe genommen, psychologisiert und interpretiert, worüber man gar
nicht so genau Bescheid weiß, eben nur die äußeren
Phänomene, weil die Erklärung oder Stellungnahme der
andern letztlich fehlt.

*Da wird Herr X. als eingebildet und hochmütig bewertet,
weil man nicht weiß, daß seine gewollte Distanz auf einer
Angst vor Nähe gründet. Seine frühen Erfahrungen mit
ersten Beziehungspersonen haben ihn gelehrt, daß es ratsam ist, sich vor Vertrautheit und Nahesein, vor Offensein
und persönlichen Mitteilungen zu schützen. Er weiß
darum, daß man durch den Abstand zum andern weniger*

verletzt und enttäuscht werden kann. Bei Nähe fühlt er sich fast existentiell bedroht. Solche Menschen sind auch als Partner schwierig. Oft müssen sie durch verletzendes Verhalten in einer friedlichen Zweisamkeit mit Nahesein ihre Distanz wieder herstellen und sichern, auch von dem geliebten Menschen. Aber hiervon und von der vorangegangenen Leidensgeschichte der Kindheit sieht man nichts, weshalb man bei äußeren Phänomenen hängen bleibt und sie darum zusammenhangslos beurteilt.

Über Herrn X. zu sprechen wäre jedoch interessant und fruchtbar, wenn wir durch ihn dazu angeregt würden, über unser eigenes Nähe- und Distanzverhalten nachzudenken und mit dem Partner oder Freunden darüber sprechen könnten. Zwangsweise käme man dann auf eigene Beziehungserfahrungen zu sprechen, auf eigene Verhaltensweisen, Enttäuschungserlebnisse und unsere Reaktionen darauf. Das wären sehr fruchtbare Gespräche, weil sie Nachdenken über sich selbst erfordern und darüber hinaus einiges durch Worte zusammengefaßt und deutlich sichtbar werden könnte. Das gesprochene Wort wird auf dieser Ebene etwas Kreatives und leitet in vielfacher Hinsicht dynamische Prozesse ein. Der Mut zur nicht alltäglichen Aussage löst in dem etwas aus, der sich öffnet, aber auch in dem, der dies hört und aufnimmt. Es verlebendigt und vertieft unsere Beziehungen. Scheu und Abwehr verhindern jedoch solche Dynamik, weshalb man dann lieber über Herrn X. spricht.

An diesem kleinen Beispiel sehen wir, wieviel Anregungen und Chancen wir verstreichen lassen, wieviel wir nicht zur Gestaltung bringen. Wenn Menschen sich nicht mitteilen, nichts erzählen von ihren Wünschen, Hoffnungen, Bedürfnissen und vielem, was unsichtbar und für den anderen gar nicht wahrnehmbar ist, geben wir auch keine

Möglichkeit, verstanden zu werden, uns näher zu kommen. Ein tieferer Grund von Vertrautheit läßt sich ohne die Mitteilung von Gefühlen und Erlebnissen und von dem, was uns betroffen gemacht hat, nicht erreichen. Es gibt Paare, die viele Jahre in einer Partnerschaft miteinander leben, und keiner weiß vom anderen, was ihm Unbehagen und was ihm Wunscherfüllung und Beglückung bedeutet, wonach er sich sehnt und was ihn bedrückt. Wer seine Gefühle nicht zum Ausdruck bringen kann, verlernt bald, sie deutlich wahrzunehmen und verringert seine Erlebnisqualität. Unterdrückte, nicht gelebte Gefühle ohne Ausdrucksgestaltung führen zunehmend in Gefühlsverarmung.

Wir haben unter uns viele Mitmenschen, die gefühlsgehemmt sind und kaum äußern können, wenn sie sich wohl und behaglich fühlen, wenn sie etwas beglückt. Dann kann kaum Freude dargelebt, geschweige denn der oft beglückende Überschwang gezeigt werden, der durch intensives Erleben ausgelöst werden kann. Viele schämen sich ihrer Gefühle und verhindern damit, sie selbst zu sein, zu ihrer Individualität zu stehen, indem sie sich in allgemein üblichen Äußerungen und Formen verstecken. Dies zeigt sich auch darin, wie wir unser Mitgefühl ausdrücken. Kann ich Freunde aus Freude oder auch aus mitfühlender Teilnahme umarmen? Das Schreiben von Beileidsbriefen ist eine Plage für Menschen, die sich nicht offen mitteilen wollen oder können, die nicht zu sagen vermögen, was sie bei der Todesnachricht empfunden haben. Ebenso ist es bei Glückwünschen, wenn nicht ehrlich das gesagt werden kann, was uns in den Sinn kam bei dieser Nachricht und wie unser Gefühl reagierte. Lernen wir von den Kindern, die, solange ihnen dies nicht aberzogen wurde, ihre Gefühle mitteilen, ausdrücken müssen und gerade über das Fühlen sich dem anderen Menschen zuwenden.

Manche Schweiger deklarieren ihr Schweigen zur Tugend, obwohl es in Wirklichkeit Gehemmtheit ist. Manche üben sich in Beherrschung und Verhaltenheit überall da, wo wir uns als Individuen einbrigen können und auch sollen. Schweigen ist nicht immer Gold. Darum stimmt das Sprichwort nicht. Es ist oft der Ausdruck starker Hemmungen und wird unweigerlich zur Behinderung in der Persönlichkeitsentfaltung. Viele bleiben ihr Leben lang das Kind, das nichts sagen durfte, weil es befürchten lernte, etwas Falsches zu sagen oder nicht ernst genommen zu werden. Auf diese Weise verlernt man, sich zu äußern, sich einzubringen und gerät in Versäumnisse.

„Wir durften zu Hause beim Essen nicht reden. Auch wenn Besuch kam, hatten wir zu schweigen. Das war ungeschriebenes Gesetz. Nie wurden wir um eine Stellungnahme oder eine Meinung als Kind gefragt. Wenn wir uns meldeten, etwas zum Ausdruck brachten, war es nur lästig, und ich hatte immer das Gefühl, was ich sage, ist unangebracht oder auch dumm. Die Erwachsenen wußten immer alles und wir Kinder gar nichts." Das ist die Aussage einer 35jährigen, die immer noch unter dem Mangel an Selbstwerterlebnissen litt und alle andern um vieles beneidete, was sie selbst auch ganz gut konnte oder zur Verfügung hatte. Es fehlte ihr ein Maßstab objektiver Beurteilung. Sie wußte nicht, daß sie gut aussah, überdurchschnittlich gut tanzen konnte, bei anderen gut ankam und sprachlich komplizierte Fakten gut formulieren konnte. Sie war beliebt als hilfsbereiter Mensch. Wenn ihr jemand etwas Bestätigendes sagte, konnte sie dies nicht annehmen und deutete es als Höflichkeit oder Schmeichelei.

Bei den emotional Gehemmten ist oft zu beobachten, daß sie jede liebevolle, anerkennende oder lobende Äußerung als Schöngetue und Schwätzerei einstufen. Was sie selbst nicht von sich geben können, muß entwertet und abgetan werden. Wer in einer ausdrucksarmen Umwelt groß wird, erfährt meist starre Beurteilungen als Wertungen und kann dann sich nicht darin üben, Echtes vom Unechten zu unterscheiden, Schmeichelei von dem, was viel ernster gemeint ist. Fühlen können gibt Sicherheit, wenn man zu seinen Gefühlen stehen kann, sonst nicht.

Wie sehr wir Auslöser und damit mitverantwortlich sind für das, wie andere uns angehen, behandeln, auf uns reagieren, ist des Nachsinnens wert, weil wir über die Verhaltensweisen unseres Gegenüber viel über uns selbst erfahren können. „Ich werde immer wie eine graue Maus behandelt, wo ich auch bin, haben die andern das Sagen und Bestimmen." Solche Äußerungen hören wir nicht selten in Gruppensitzungen, wenn Teilnehmer nach langer Zeit des Schweigens sich mitzuteilen trauen. Diese Aussagen lösten viele Fragen aus. „Warum haben die anderen bei Ihnen immer das Sagen? ... Überlassen Sie anderen, zu sagen, was sie wollen und was geschehen soll? Bestimmt das verschüchterte Kind Ihr Handeln? Lebt ein Teil von Ihnen noch in Ihrer Kindheit? Was fürchten Sie ... und was wäre tatsächlich zu befürchten, wenn Sie etwas mitteilen würden?"

Frau F. fühlte sich von anderen immer überfahren und schmollte in sich hinein: „Das hätte ich auch gewußt, ist doch aber gar nicht wichtig ... Da bin ich aber dagegen, was Herr E. sagt ... aber was soll's ... ist ja seine Sache." So liefen ihre Stellungnahmen geheim und verborgen ab. Sie hätte tatsächlich eine Menge zu dem bringen können, was von anderer Seite geäußert wurde, aber sie entzog sich dem menschlichen Miteinander. Es wurde ihr allmählich bewußt, daß sie sich selbst zur grauen Maus machte.

Schon die kleinsten Versuche, mit zitterndem Herzen und unsicherer Stimme sich zu äußern, ließen sie heraustreten aus ihrem Schattendasein ihres bisherigen Lebens und führten zu neuen Erfahrungen. Sie reagierte anders und war damit auch für die Mitmenschen eine andere. Wir konnten in wenigen Wochen beobachten, wie sie sich über ihre Mitteilungen und zunehmendes Offensein befreite und einen ganz anderen Gesichtsausdruck bekam. Sie war also nicht nur eine Frau, die nun mehr sprach und ihr ängstliches Schweigen überwunden hatte, sondern sie war in viel weitreichenderer Weise ein anderer Mensch geworden. Unser Verhalten drückt immer etwas aus von dem, wie wir sind. Frau F. wollte nie wahrhaben, daß sie mit ihrer Art, über vieles zu schweigen und nur das zu sagen, was beim Gegenüber gewiß gut ankam und ihm gefiel, im Grunde ein ganz unehrlicher Mitbürger war, der den anderen manipulierte. Wie das psychologischerweise so ist, war sie äußerst verletzt und empört, als ihr dies eine gute Bekannte sagte. Wir sind immer gekränkt in unserer narzißtischen Eitelkeit, wenn uns jemand etwas sagt, was stimmt, aber nicht in das Bild paßt, das wir von uns gerne hätten. Es geht uns allen ähnlich. Das sind die einfachsten Grundregeln der Psychologie. Frau F. rieb sich vor allem an dem Wort „unehrlich", weil für sie Ehrlichkeit einen hohen Stellenwert hatte. Aber auch das ist schlicht psycho-logisch und hat einen ganz eindeutigen Zusammenhang. Gerade das, was uns nicht gelingt, wo wir unsere Schwäche leben, wird zu einem hohen Wert erhoben. Zweifellos ist Ehrlichkeit und die damit verbundene Red-lichkeit etwas Schätzenswertes. Wäre Frau F. nicht von einer sehr ausgeprägten und grundsätzlichen Haltung der Unehrlichkeit bestimmt gewesen, hätte sie ganz sachlich nachdenkend auf einen Vorwurf dieser Haltung im Um-gang mit Menschen reagieren können. Weil ihre Fehlhal-

tung jedoch etwas sehr Zentrales und Grundsätzliches war,
fühlte sie sich durch einen solchen Vorwurf fast existentiell
vernichtet und mußte heftig um sich schlagen.

Beim Sich-Äußern geht es wie in diesem Fall um etwas
ganz Wichtiges, nämlich um die Ehrlichkeit und Echtheit
unserer Aussagen. Es gibt Menschen, die viel reden, erzählen und agieren, aber sie denken und fühlen anders als
sie sagen. Sie spielen mit gezinkten Karten. Es ist darum
auch nicht verwunderlich, wenn bei solchen Täuschungs-
manövern die Kontakte an der Oberfläche bleiben und
Freundschaften sich nicht entwickeln können. Um seelisch angenommen zu werden, muß man aus dem Hinter-
halt heraustreten.

„Seit ich meiner Kollegin in aller Ruhe sagen konnte, daß
ich ihr Wissen, ihre Berufserfahrung und manches an ihr
sehr schätze, aber ihre oft sehr bestimmende Art mich ab-
stößt … Ich konnte ihr auch vermitteln, wie bedauerlich
das für mich ist, denn ich würde darum an manchen Ta-
gen nicht gerne mit ihr zusammenarbeiten, obwohl ich
das eigentlich wollte." Frau B. hatte in therapeutischer
Gruppenarbeit sich von ihren Kindheitstraumen gelöst
und viele Projektionen zurücknehmen gelernt. Nun war
dieses Signal an die Kollegin und ein offenes Wort notwen-
dig geworden. In der Gruppe wurde gelernt, ein solches
Gespräch vorzuüben. Zu Hause hatte sie die ängstigende
Mitarbeiterin im Geiste neben sich auf einen Stuhl gesetzt
und mehr als dreißig Mal die vorbereiteten Sätze laut und
klar gesprochen. Sie hatte sich auch ausgedacht, was dieses
Gegenüber antworten könnte, und war darauf vorbereitet,
ein langes Gespräch über ihre Aussage abzulehnen, weil
sie sich dem noch nicht gewachsen fühlte. „Ich möchte
eigentlich nicht weiter darüber reden, man zerredet sonst

das, worum es geht. Ich hoffe, Sie können mein offenes Wort aufnehmen wie es gemeint ist." Wenn der andere mich in ein Gespräch verwickeln will, das ich nicht möchte, dann ist Schweigen angebracht und sinnvoll.

Wieviel in privaten Beziehungen und Lebenssituationen verhängnisvoll geschwiegen wird, weil wir nicht miteinander zu sprechen gelernt haben, ist in der Häufigkeit kaum vorzustellen. Auch im Bereich der Schule und Ausbildung, in der Berufswelt, die unendlich viele Stunden unserer Tage und unseres Lebens besetzen, ist es in derselben tragischen Weise folgenschwer, wenn wir schweigen, wo etwas zu sagen wäre. Der Mangel an Erlebnissen der Offenheit, der ehrlichen Begegnung führt dazu, daß wir wenig über uns selbst wissen und erkennen. Je unbewußter wir leben, umso schwieriger ist es, Bewußtsein zu erlernen, Wahrheiten zuzulassen. Weil man selbst hoch empfindlich und vom Verdecken und Schweigen geprägt ist, wurde man empfindlich und entwickelte Abwehrmechanismen, wenn es darum geht, daß etwas aufgedeckt werden sollte. Das ist dann auch ein häufig vorgebrachter Grund, warum man dem anderen, auch dem Vertrauten, vieles lieber verschweigt, weil die Vorstellung besteht, daß er genauso wie ich selbst lieber zudeckt als aufdeckt, lieber über etwas hinweglächelt, als es ernsthaft und redlich offenzulegen. Es gibt also vorgeschobene Gründe zur Unehrlichkeitshaltung. Die Schweiger fürchten oft auch die Redegewandtheit des anderen. Wer im Schweigen trainiert ist, muß erst lernen, sich nicht stumm reden zu lassen.

„Du kannst reden solange du willst. Ich weiß, daß du gut reden kannst. Man kann etwas verschweigen, man kann aber auch etwas zerreden." Das war die Lösung eines jun-

130

gen Mannes, dessen Freund zu der Sorte Mensch gehörte, die glaubt, wenn man lange und logisch genug über einen Sachverhalt geredet hat, ist er bereinigt und erledigt und der Langredner hat recht.

„Seit ich mich zu äußern gelernt habe, ist mir etwas über das Schweigen aufgegangen. Ich kann jetzt an der richtigen Stelle schweigen. Ich habe auch gelernt, mich nicht in unfruchtbare Gespräche und Diskussionen verwickeln zu lassen. Ich schlage oft vor, daß wir über das Problemthema einige Tage oder gar Wochen nachdenken und jeder bei sich erst einmal suchen soll, was ihn die vorhandenen diskutierten Schwierigkeiten ganz persönlich angehen." Dies erzählte uns eine Vierzigjährige in der Gruppenarbeit. Sie hatte in ihrer Ehe darum immer geschwiegen, weil sie ähnlich wie in ihrem Elternhaus, die ausufernden Gespräche, die keine Klärungen, nur viel Gerede brachten, ablehnte. Ihr Schweigen hatte jedoch zu nichts geführt. Die Entfremdung schritt durch Zerreden wie auch durch Schweigen immer weiter fort. Sie war durch ihre eigene bewußtere Erfahrung und die Erkenntnis ihrer Reaktionsweisen in ihrem Verhalten verändert worden. „Ich habe gelernt, daß Diskussionen viel interessanter und lebendiger werden, wenn nicht Allgemeinplätze ausgetauscht und weitergegeben werden, sondern über die objektiven Tatsachen hinaus wir auch den persönlichen Zusammenhang mit uns selbst berühren. Dann kann ich offen zugeben, daß mein Heile-Welt-Wunsch mich in die Gefahr bringt, den unbehinderten Zustrom von Asylanten zu bejahen und dafür mich einzusetzen. Ich gestehe ein, daß ich früher zu blind war, um den Konflikt zu sehen, daß unser Land und Volk nicht der Heilbringer für alle Erdbewohner sein kann. Daß mein Fanatismus dazu geführt hat, Rechtsradikale zu aktivieren, kann ich ins Gespräch werfen. Wer sich selbst in solche Gespräche mit

*einbringt, verhindert, daß Themen abstrakt und im Kampf
der Gegensätze ausgetragen werden."*

Halten wir fest: Die Mitteilung von unserem eigenen
Empfinden und Fühlen in den Alltag einzubringen,
hilft zur Bewältigung dessen, was auf uns zukommt.
Werten wir die kleinen Dinge nicht als Belanglosigkei-
ten und Kleinkram ab. Am Kleinen blitzt auf, wie wir
uns verhalten.

*Frau C. arbeitete seit drei Jahren bei einem Chef, der sehr
häufig kurz vor der Beendigung der Arbeitszeit ihr Auf-
träge übertrug, die noch rasch erledigt werden sollten, so
daß ihre tägliche Arbeitszeit überschritten wurde. Sie
wagte es nicht, ihren in dieser Hinsicht rücksichtslosen
Chef auf sein Verhalten anzusprechen und ihm seine
abendlichen Verzögerungen schlicht und höflich ins Bewußtsein zu führen. Sie wußte auch nicht um den psychologischen Zusammenhang, daß sie gerade in ihrer Gehemmtheit und Kind-Haltung den andern provozierte
und in sein unerfreuliches Gebaren hineinschlittern ließ.
Wenn sie als Mitarbeiterin ihren berechtigten Ärger höflich und klar vertreten und mitteilen kann, wird sie ganz
zurecht mehr ernst genommen und wird mehr Beachtung
erfahren, nämlich dann, wenn sie die grobe Mißachtung
ihrer Rechte nicht mehr akzeptiert. Im echten Notfall gelegentlich einzuspringen und dann bereit zu sein, Zeit anzu-
hängen, wird dann viel mehr geschätzt. Wer sich selbst
nicht zu respektieren vermag, erhält auch wenig Beachtung von anderen.*
  *Frau N. verhielt sich nicht nur am Arbeitsplatz in fal-
scher, unnötiger Unterordnung. Auch ihren Freunden und
ihrer Familie gegenüber spielte sie die Rolle der Überange-
paßten, von der niemand weiß, was sie in Wirklichkeit*

selbst möchte, weil sie selten einmal etwas von sich und ihren Wünschen mitteilt. Sie hatte kaum den Mut zu einem Nein und war darum stets Mitläuferin und entsprechend eingeschätzt. Es ergab sich wie von selbst, daß sie in vielen Bereichen mißbraucht und ausgenützt wurde. Dementsprechend bildete sich bei ihr eine depressiv gefärbte Grundstimmung mit dem Tenor: Menschen sind sehr fragwürdig. Daß sie selbst aber durch ihr Schweigen und stilles Geschehenlassen Mißtöne im Zusammenleben mit andern provozierte und in ihrer Bescheidenheit und Angepaßtheit keineswegs eine weniger fragwürdige Rolle spielte, wollte sie nicht sehen. Sie suchte die Verantwortlichkeit bei den anderen, wie es viele gestörte Menschen tun. Im Schweigen wird man mitschuldig, weil man dadurch dem Negativen und Destruktiven ungehindert seinen Lauf läßt oder gar den Weg ebnet, weil Schweigen meist als unausgesprochenes Einverständnis gewertet wird.

Herr L. arbeitete in einem Konstruktionsbüro in einer Arbeitsgruppe zusammen mit sechs Diplom-Ingenieuren in einem Saal. Die fünf anderen hatten täglich nur ein Thema, von dem sie fasziniert und beherrscht waren, über das ständig gewitzelt, gelacht und gefrotzelt wurde: Sexualität. Herr L. ist keineswegs spröde und kleinlich, hat durchaus auch Sinn für Witziges. Aber täglich Schlüpfrigkeiten zu genießen, billige, schmuddelige Witze als Hauptthema war ihm schlicht zuwider. Bei seinem gesunden und befriedigenden Sexualleben brauchte er keine solchen Ventile. Über die pubertäre Lust am Verbotenen und Geheimen war er hinausgewachsen. Weil er sich nicht am Genuß der Schlüpfrigkeiten beteiligte, wurde er zum Opfer anzüglicher Sticheleien, gegenüber denen er sich nicht zu äußern vermochte. Darum kündigte er, obwohl ihm seine Tätigkeit Spaß machte. Selbst im Weggehen vermochte er nicht die Gründe seines Wechsels hervorbringen, weder bei den Kollegen, noch beim Personalchef. Er war unfähig, in seiner Umwelt sich selbst und sein eigenes Fühlen einzubringen.

Viele verlassen eine Arbeitsstelle, weil ein im Umgang mit den Mitarbeitern und Kollegen unqualifizierter Vorgesetzter das tägliche Arbeiten erschwert und ein unerfreuliches Betriebsklima schafft. Nur selten wird dies deutlich und nachhaltig zum Ausdruck gebracht. Selbst nach der Kündigung wird noch der Ärger verschluckt, weil es am Mut fehlt, eine eigene Stellungnahme zu vertreten, und das eigene Urteil unterschätzt und nicht ernstgenommen wird. Offen und ehrlich zu sagen, warum z. B. der Arbeitsplatz gewechselt wird oder eine Freundschaft zu Ende geht, ist nicht nur für einen selbst und für die Selbstachtung bedeutsam, es ist im Hinblick auf die anderen eine soziale Tat. Für den Schweiger wichtig ist, sich in seiner Würde als Mensch zu vertreten und nicht über sich hinwegzuschweigen. Sonst entwickelt sich ein ungutes Gefühl sich selbst gegenüber, wenn man Konflikten und notwendigen Konfrontationen durch Schweigen ausweicht. Dies ist wider jede Psychohygiene und wirkt darum belastend, auch wenn es nicht ins Bewußtsein tritt. Unser Handeln und alles, was wir zum Ausdruck bringen, steht jedoch immer in einem sozialen Bezug. Wenn in den Betrieben, in den Schulen, an den Universitäten geäußert werden kann und darf, was Zusammenleben und auch Zusammenarbeiten erleichtert und fördert, werden wir alle beziehungsfähiger.

Es ist immer wieder zu hören, daß in unserer Zeit doch viel und oft geredet wird, in vielen Kreisen Freude am Diskutieren herrscht. Das ist richtig. Dem Beobachter fällt jedoch bald auf, wie Themen leichthin besprochen werden, d. h. ohne eine Vertiefung zum persönlichen Betroffensein. Meist wird nichts darüber ausgesagt, was die Beziehung zum eigenen Leben ausdrückt. Dann erfährt man nichts von dem, der etwas sagt, weil er nichts von sich selbst dazu gibt. Small talk wird dies heute genannt. Wir dürfen uns nicht darüber hinwegtäuschen, daß dies keinerlei Ersatz ist für das in unserem Kulturbereich immer noch geschätzte Gespräch, in dem stets etwas mitschwingt von mir zu dir. Dabei geht es nicht darum, darauf zu warten, bis der andere mit Persönlicherem beginnt. Wer selbst aus seinem Innern etwas kundtut, spielt dem anderen den Ball zu. Wenn dieser jedoch nicht reagieren kann, was gar nicht selten ist, geht es darum, gründlicher und deutlicher ans Thema heranzugehen, wenn mir dies ein ernstes Anliegen ist.

Ein Beispiel mag dies verdeutlichen: Frau K. leidet seit 15 Jahren darunter, daß ihr Mann von einem extrem nüchtern dargelebten Alltag geprägt ist und darüber hinaus keine Antennen hat für das, was das Leben verschönert, vertieft und Farbtupfer setzen kann. Nie war er auf die Idee gekommen, für sie oder die Kinder eine Überraschung mitzubringen oder zu gestalten. Etwas außer dem Gewohnten fiel ihm schon gar nicht ein. In solcher Weise an den anderen zu denken oder gar dessen Erwartungen und Wünsche zu erahnen, kam ihm nie in den Sinn. Er hielt sich für einen guten Partner, der seinen Teil übernimmt und niemandem etwas Böses tut. Daß man durch Nichttun und Schweigen auch Böses auslösen kann, war ihm schon zuviel Kompliziertheit. Seine Intelligenz setzte er im Beruf ein, im Privatleben wollte er sich in dieser Hinsicht nicht bemühen. In solch unbefriedigter oberflächlicher Beziehung vollzog sich diese Ehe schon 15 Jahre. Als ich Frau K. die Frage stellte, ob sie denn mit ihrem Mann hierüber schon gesprochen habe, verneinte sie dies.

„Ich hatte nicht den Mut, weil mein Mann alles mit seiner Selbstzufriedenheit vom Tisch wischt." Dieser Partner wollte auch lange kein Beratungsgespräch und verweigerte, seinen Anteil an den Familienproblemen sehen zu wollen. Ihm hatten die 15 Jahre nichts angetan, wie er meinte. Aber da irrte er sich. Er hatte für sich selbst und sein Leben eine Menge versäumt und war nicht nur den anderen, sondern auch sich selbst eine Menge an ungelebtem Leben schuldig geblieben.

Herr K. ahnte nichts von der weitreichenden Unzufriedenheit seiner Frau. Ihre oft ablehnenden Verhaltensweisen deutete er als Launenhaftigkeit. Die psychischen Spannungen führten im Laufe der Jahre bei ihr zu körperlichen Verkrampfungen und entsprechenden Symptomen. Herr K. wußte auch nicht, daß seine Frau sich in Tagträumen Situationen, Gespräche, ganze Unterhaltungen und leibseelische Kontakte mit Männern ausphantasierte, die gesprächig waren, Emotionales mitteilten, die eben all das hatten, was sie bei ihm schmerzlich vermißte. Was aber Frau K. selbst nicht erkannte, war der Zusammenhang, daß sie durch ihr Schweigen und ihren Rückzug ins stille Leiden nicht nur sich selbst in selbstquälerischer Weise belastete, sondern auch als Partnerin versagt hatte. Seine Fehlhaltung hatte bei ihr Fehlverhalten ausgelöst. Wie ein gekränktes Trotzkind zog sie sich zurück und beharrte auf ihren Erwartungen, die zwar berechtigt, dem anderen aber in der tatsächlichen Dringlichkeit nie nahegebracht worden waren. Sicher wäre sie ihm mit Vorwürfen, Szenen oder Ausbrüchen affektiver Art nicht näher gekommen. Als die emotional Differenziertere hätte sie jedoch Situationen suchen müssen, in denen sie über ihre geheimen Wünsche und auch ihre Angst vor einer beziehungslosen Ehe hätte sprechen können. Herr K. lernte auch, schließlich zu erkennen, was sich hinter der vermuteten Launen-

136

haftigkeit, den häufigen Kopfschmerzen und sexueller Ablehnung verbarg. Ohne das Mittel des Gesprächs gibt es keinen Weg zum gegenseitigen Verstehen.

Eine andere Frau in einer ähnlichen Situation reagierte hilfreicher und wie ein erwachsener Mensch. Wenn ihr Mann abends müde und nicht kontaktsuchend nach Hause kam, umarmte sie ihn und sagte ihm etwas Zärtliches. Dabei vergaß sie nicht, Signale von sich selbst zu senden. „Du, ich bin heute vom Alltag angekratzt und brauche noch ein paar gute Worte von dir. Ich bin so froh, daß du da bist…" Über solche Hinführungen übte der Partner, seine Bedeutung und nicht sein Versagen zu erfahren. Er lernte immer besser zu verstehen, was sie ihm signalisierte. Auf diese Weise wuchsen sie einander zu und nicht voneinander weg. Hier vertrat sie lange die Psyche und Emotionalität für ihn, der auch immer mehr erlebte, was seine Frau an psychischem Reichtum und Differenziertheit ihm voraus hatte. Diese beiden versperrten sich nicht voreinander und fanden immer wieder in ein Gespräch, das beide anging und anrührte. Er lernte in solchen Begegnungen zu erkennen, wie wenig er im Elternhaus an Herzlichkeit zwischen Mann und Frau gesehen hatte. An Nähe und Wärme zwischen seinen Eltern konnte er sich nicht erinnern. Die Mutter hatte alles getan für die Kinder und das Familienleben, der Vater für das notwendige Geld gesorgt. Die Rollen waren klar verteilt und darüber hinaus lief nichts. Er erlebte nun durch gute Gespräche gegenseitiges Aufeinanderzukommen, Verstehen und auch Ansprüche eines Partners wahrzunehmen. Die sich damit aufbauende Offenheit führte dazu, daß die beiden voreinander nichts mehr zu verbergen hatten, sich nicht mehr der eine vor dem anderen schützen mußte, nicht mehr darum kämpfen mußten, wer recht hat. Dann wird

Zweisamkeit befreiend und innig zugleich, gibt es das gesunde Wechselspiel von Nähe und Distanz ohne Anklammerung und Regression. Über Aussprechen und Mitteilen werden immer aufs neue der eigene Stellenwert und der des andern erlebt. Damit wird der Kampf der Geschlechter, wie man dies nennt, hinfällig, weil es um Ergänzung geht und um ein Miteinander. Was wäre aus mir ohne sie geworden ... fragte er sich später. Und sie meinte dann und formulierte dies auch nicht nur einmal: „Es ist schön mit dir zu leben ..." Sie bauten sich gegenseitig auf und vermochten sich neben Beglückendem auch deutlich das zu sagen und sich miteinander auseinanderzusetzen, was Spannungen und Differenzen brachte. Beide waren lernwillig und entwicklungsfähig. Auf solcher Basis und mit Zweisamkeitserfahrungen lassen sich auch Krisen bestehen. Über Gespräche kommt dann etwas in Gang, was ohne Worte sich nicht lösen läßt.

Oft wird mir von Freundschaften mit außerehelichen Partnern berichtet, die meist darauf gründen, daß dieser andere Mensch gut zuhören oder sich im Gespräch ein gegenseitiges Mitteilen vollziehen kann. „Meine Freundin weiß von mir mehr als meine Frau, die ich nun über acht Jahre kenne ..." Beide hatten versäumt, neben Arbeit, Alltag und Kindern zu den Ruhepausen zu kommen, die dann bei anderen gesucht werden. „Es fehlt mir eigentlich nichts bei meinem Mann, auch nicht in der Erotik ... und trotzdem fühle ich mich einsam neben ihm. Wir hätten uns wahrscheinlich viel zu sagen, aber wir kommen über unser Schweigen nicht hinaus."

Miteinanderleben erfordert Signale, die deutlich zum Ausdruck gebracht und auch in Worte gefaßt werden müssen. Viele drücken sich nur in Andeutungen aus ohne zu fühlen, daß dies zu wenig ist, weil man nicht ganz dahinter steht. Unsere Scheu vor der gesprochenen persönlichen Mitteilung stammt aus unseren Kindertagen und ist ein Teil unserer kindlichen Persönlichkeit von damals, als wir uns nichts zu sagen trauten und unser natürliches Bedürfnis nach Aussprechen dessen, was uns bewegte, verlernt wurde.

Leben
mit
Aggressionen

Jeder von uns weiß, was gemeint ist, wenn wir von Aggressionen sprechen oder einen Menschen aggressiv nennen. Wir stellen uns dabei Handlungen und Aktionen vor, die mit der Absicht geschehen, einer Person oder Sache direkt oder indirekt zu schaden, sie zu verletzen oder zu zerstören. Allgemein können aggressive Verhaltensweisen von primitiven Aktionen wie Schlagen, Treten oder Beißen bis zu sublimen Reaktionen wie Herabsetzen oder Entwerten reichen. Sie können körperlich, sprachlich oder mimisch ausgeführt werden. Auch manche Gefühle wie Wut, Haß, Ärger werden aggressiv genannt. Wissenschaftlich gibt es bis heute keine klare, eindeutige Definition von Aggressionen. In der Tierwelt zeigen sich Aggressionen als Droh-, Kampf- oder Angriffsverhalten, um z. B. ein Territorium zu verteidigen oder um die Dominanz gegenüber einem anderen Tier zu gewinnen, weil es bei Herdentieren eine Rangordnung gibt.

Man findet unterschiedliche Auffassungen für die Entstehung von Aggressionen: Drei Gruppen sind als wesentlich zu nennen. Eine Erklärungtheorie geht davon aus, daß der Organismus Energien produziert, die sich anstauen und entladen werden müssen. Dies ist eine naturwissenschaftliche Hypothese, die davon geprägt ist, für alle Vorgänge, auch die psychischen, eine organische Grundlage zu suchen. Die Energieentladung muß nicht unbedingt destruktiv sein; sie kann sich auch in anderen Aktionen vollziehen. Die großen Unterschiede des jeweiligen Aggressionspotentials eines Menschen oder Tieres bleiben dabei unerklärt, ebenso die Frage, warum Energien beim einen Menschen Aggressivität auslösen, beim anderen aber damit konstruktive und kreative Prozesse verwirklicht werden. Auch bei den Tieren bliebe vieles unbeantwortbar. Nur ein kleines Beispiel soll dies verdeutlichen: Warum setzt ein Bienenvolk seine Energien zum fleißigen Honigsammeln ein und ein anderes verwendet sie zu aggressivem Verhalten und ausgesprochener Stech-Freudigkeit? Hypothesen, mit denen man wenig erklären und nicht viel Fragen beantworten kann, verhindern nur die Suche nach besseren Lösungen. Unbefriedigende Hypothesen werden dann aufgestellt, wenn es dem Forscher und Wissenschaftler schwer fällt, die vorläufige Unerklärbarkeit stehenzulassen.

Bei der zweiten Gruppe wird davon ausgegangen, daß Aggression durch Frustration hervorgerufen werden kann. Diese Annahme läßt sich durch Alltagserfahrungen leicht nachvollziehen:

Herr B. hat Ärger im Beruf. Die autoritäre und besserwisserische Art seines Abteilungsleiters läßt es nicht zu, sich mit ihm über sachliche Themen auseinanderzusetzen, verschiedene Lösungen gemeinsam durchzudenken, um die Argumente für den besten Weg zu finden. Der Vorgesetzte wirkt provozierend, weil er seine geringen praktischen Erfahrungen überspielt und nichts davon wissen will, was Mitarbeiter zu Abklärungen beisteuern können. Herr B.

ist in der bedrückenden Lage, in seiner täglichen Arbeit etwas zu tun, von dem er weiß, daß es anders schneller und besser zu vollbringen wäre. Bei Versuchen einer Besprechung dieses Sachverhalts fühlte er sich wie ein dummer Junge behandelt: nicht angehört und ohne Argumentation abgewimmelt. Über den täglichen Ärger im Geschäft und über das, was er als Demütigung empfindet, sammeln sich bei ihm Frustrationserlebnisse an. Er findet keine adäquate Weise, sich damit auseinanderzusetzen. Es geht ihm wie den meisten von uns, nämlich weder im Familienleben noch in der Schule hatte er gelernt, mit Frustrationen und dem damit verbundenen Kummer umzugehen. Fast täglich kommt er mit den im Beruf angesammelten und gestauten Spannungen und oft auch mit Wut nach Hause. Wir alle kennen die in solchen Situationen sich einstellende Neigung zu Überreaktionen und inadäquatem Verhalten. Wenige erkennen die Zusammenhänge zwischen dem, was war und der sich anbahnenden Reizbarkeit. Wir haben nicht gelernt, über Unbehagen und sich in uns meldende Spannungen nachzudenken. Dazu müßten wir zunächst dieses Geschehen überhaupt einmal wahrnehmen, nämlich erkennen, d. h. ins Bewußtsein treten lassen: Ich bin jetzt gereizt und spannungsgeladen.

Frau B. hat das Essen noch nicht fertig auf dem Tisch stehen, und schon gibt ihr Mann seinem Ärger freien Lauf. Sein Frust setzt sich in aggressives Verhalten um, das nach einem Ventil sucht und im Grunde gerne die Gelegenheit aufgreift, etwas gefunden zu haben, von dem er meint, daß es seine Entladung rechtfertigt. Die bisher verdrängten und auch nicht ins Bewußtsein getretenen Aggressionen führen zu ungerechtfertigten Streitereien mit seiner Frau. Wenn erst einmal aggressives Verhalten in Gang gesetzt ist, werden Einfühlung für die Sicht des anderen, Sachlichkeit in der gegebenen Situation, ebenso

143

die Willigkeit zur Lösungssuche beiseite geschoben. Der eigene Standpunkt wird wie ein Territorium vertreten und die damit verbundene Egozentrik führt zu einer gewissen Blindheit. Aggressive Impulse können natürlich einen Stau von vielen Jahren hinter sich haben und schließlich eine Dauerbereitschaft zu affektiven Entladungen hervorrufen, was sich in aggressives Geschehen umsetzt. Bei Herrn B. waren die frustrierenden Verhaltensweisen seines Abteilungsleiters auf alte Wunden gestoßen. In seiner Kindheitsfamilie war es so, daß Kinder nichts zu sagen und zu wissen hatten. Einmal war er in seiner Schulzeit von einer Lehrerin lächerlich gemacht worden, als er etwas falsch dargestellt hatte. Die ganze Klasse hatte ihn ausgelacht, und er hatte diese Situation nie vergessen.

Frau B., die nicht ohne Grund mit dem Essen nicht fertig war, hatte den ganzen Tag mit den zwei kleinen Kindern und der schwierigen Nachbarin viel Arbeit und auch manche Probleme zu bewältigen gehabt. Sie erwartete am Abend einen Partner, der mit ein paar guten Worten auf die Kinder eingehen sollte, ihr ein klein wenig Verständnis oder einen liebevollen Blick zu schenken bereit wäre, sie aber auf alle Fälle nicht mit Aggressionen attackieren würde. Da sie auch nicht gelernt hatte, mit Aggressionen umzugehen, weder mit den eigenen noch mit denen der anderen, gab sie die bei ihr entstandenen Spannungen nun an den älteren Sohn weiter. Der Fünfjährige reagierte auffällig beim Essen und verhielt sich in der allgemeinen Spannungssituation entsprechend kompliziert. Die Mutter wies ihn barsch zurecht, schimpfte ungeduldig mit ihm. Bei seiner Müdigkeit am Abend hätte er Mütterlichkeit und Väterlichkeit gebraucht. In seinem Frust reagierte er weinerlich und trotzig. Er mag sich in solcher Situation selbst nicht und suchte nach Spannungsabfuhr. Auch er gab seine Last an das nächst schwächere Glied weiter und ärgerte die zweijährige Schwester. Er nahm ihr die Spielsachen weg. Wenn sie diese ihm nicht freiwilig herausgeben wollte, riß er sie an den Haaren, und schon waren aggressive Verhaltensweisen in Gang gesetzt. Niemand war da, der solche Abläufe auffangen konnte. Das Jüngste ging schließlich zur Katze, zog diese solange kräftig am Schwanz, bis das Tier jaulend davonlief.

Die dritte Theorie über die Entstehung von Aggressionen beruht darauf, daß sie durch soziales Lernen auftreten können. Hierbei spielt das Lernen am Erfolg eine wichtige Rolle. Um die Beachtung der Eltern oder von Erwachsenen zu erreichen, wenn diese z. B. beschäftigt sind oder sich unterhalten, machen Kinder oftmals gerade das, was sie nicht sollen. Sie wissen auch, daß sie das nicht dürfen. Manche gehen soweit, Dinge zu zerstören, ihre Geschwister oder Tiere zu quälen. Die Eltern müssen unter den vom Kind geschaffenen Umständen ihr Gespräch oder was sie auch sonst tun unterbrechen und auf das Handeln des Kindes reagieren. Damit hat der Störer erreicht, was er wollte, nämlich Aufmerksamkeit und Zuwendung, was in seinem Verhalten angestrebt war. Auch wenn in negativer Weise Aufmerksamkeit erreicht wird, etwa durch Schimpfen, Schreien oder Bestrafen, ist Beachtetsein gelungen, denn hier gilt der Grundsatz: Negative Zuwendung ist besser als keine. In dem erwähnten Beispiel darf nicht übersehen werden, daß der Lernerfolg, mit aggressivem Verhalten etwas zu erreichen, noch gekrönt wird durch das Erlebnis, gegenüber dem Erwachsenen eine gewisse Macht auszuüben. Wo Ohnmachtsgefühle aufkommen können, was bei Kindern und Heranwachsenden häufig der Fall ist, wird Aggressivität gefördert. Dies gilt nicht nur für den werdenden Menschen, sondern auch für den Erwachsenen. Häufig wird aggressiv agiert, wenn Angst abgewehrt werden soll. Aggression dient dann als Kampf- und Schmerzfunktion, die aus mindestens zwei Quellen aktiviert wird: Aus der Lernerfahrung, daß kämpferisches Verhalten den andern schockt oder abwehrt. Hinzu kommt die Spannungsentladung, die als angstbefreiend Lustgefühle auszulösen vermag und damit auch zur Wiederholung erfolgreich angewandter Angriffe hinführt.

Wer über die Entstehungstheorien von Aggressionen nachdenkt, stößt auf die Frage, warum bei ähnlichen Voraussetzungen in Situationen, die Frustrationen oder Angst auslösen, der eine mit Aggression und ein anderer mit Depression oder Verdrängung in den Körper reagiert. Damit taucht auch die Frage auf, ob die jeweiligen Verhaltens- und Reaktionsmechanismen ebenso unbewußt, wie sie meist ablaufen, von Leitbildern übernommen wurden, von geliebten oder aber geachteten Beziehungspersonen, deren Verhaltensabläufe introjiziert wurden. Aus den im Zusammenhang mit der Entstehung von Aggressionen erwähnten Beispielen ist zu erkennen, daß alles Psychische nicht durch einzelne Funktionsabläufe zu erklären ist, vielmehr über das Ineinanderwirken uns manches aufschlüsselt.

Zusammenfassend können wir aus dem bisher Gesagten schließen, daß aggressives Verhalten von der dahinterstehenden Motivation abhängt, von den vorhandenen Verhaltensmöglichkeiten, -gewohnheiten sowie eines gewissen Maßes an Vitalität, die die Energie und den Mut zur Realisation der Aggression liefert.

Um mit der Aggressivität anderer, vor allem aber mit der eigenen richtig umgehen zu lernen, hilft uns das Wahrnehmen psychischer Abläufe und Zusammenhänge. Man kann z. B. bei Ärger mit Rückzug oder

Schmollen reagieren, den Ärger „runterschlucken" oder aber statt Angriffsentladungen (Aggressionen) mit konstruktiven Konfliktstrategien „Luft ablassen", also Erregung und Spannung vermindern. Welche der Verhaltensformen jemand kennt und wie er mit diesen umzugehen weiß, hängt besonders von der sozialen Umwelt ab, in der er lebt, oder aber in früheren Jahren gelebt hat. Die Art und Weise, mit Konflikten und damit verbundenen affektiven Spannungen und Staus umzugehen, wird früh erlernt und eingeübt. Wenn in einer Familie viel geschrien und mit Lautstärke Sachlichkeit ersetzt wurde, treten in der nächsten Generation in irgendwelchen Zusammenhängen ähnliche Reaktionen auf. Frau C. war eine verschüchterte, verhaltene Frau, die überall bemüht war, nicht aufzufallen. Aber in ihren eigenen vier Wänden war sie ihren Kindern gegenüber reizbar und laut, ging mit ihnen in der Tendenz so um, wie ihre Eltern mit ihr umgegangen waren.

Viele Familien bieten keine Lösungsmöglichkeiten zur Konfliktbewältigung und zum Umgang mit Aggressionen. Während die Schule heute in verschiedenen Altersstufen mit Erfolg Kindern Umweltprobleme und auch praktische Lösungen für ökologische Themen nahebringt, wird noch gar nichts unternommen, Kindern von klein auf Wege zu weisen und Hilfen aufzuzeigen für unser Miteinanderleben. Kinder übernehmen von den ersten Beziehungspersonen und später auch in der Gesellschaft Verhaltensmodelle. Wie diese ihre Umwelt mit Konflikten und Affekten umgeht, wird zunächst als allgemeingültig übernommen.

Für späteres soziales Verhalten und ganz allgemein für die Lebensbewältigung ist es von weitreichender Bedeutung, günstige Verhaltensweisen, die zu einer Lösung des Konflikts führen können, zu erleben. Es entsteht schon sehr viel weniger psychische Stauwirkung, wenn Wünsche, Bedürfnisse, Standpunkte und Sachverhalte offen dargelegt und ausgesprochen werden. Hierzu gehört auch, sich ehrlich zu dem zu bekennen, was man ablehnt oder ganz schlicht einem nicht paßt. Ungünstig dagegen ist das Vermeiden von Konflikten, indem man sich der anderen Person oder ganz allgemein einer Situation nicht stellt. Man kann sagen, daß dies mit der Zeit zur Ansammlung von Frustrationen und zur Minderung des Selbstwertgefühls führt. Schweigen kann gefährlich werden, wenn dabei etwas übergangen wird, was auf die Dauer nicht „verschluckt" werden soll. Eine Konfliktsituation darf weder umgangen werden, indem ich mich selbst übergehe, noch damit, die Gefühle und Wünsche eines anderen zu negieren. „Das ist mir viel zu dumm, darüber rede ich gar nicht ..." Oft wird aggressives Verhalten aus Angst vor den Folgen oder Strafen, zuweilen auch aus moralischen Gründen gehemmt.

Angst kann die Angriffslust und -fähigkeit hemmen, vermag sie aber auch zu aktivieren. Während die einen von Aggressionen wie gelähmt und passiv werden, gehen andere in gesteigerte Aktivität über. Es ist eine Angstabwehr, die sich der Aggression als Waffe bedient nach dem Grundsatz, daß der Angriff die beste Verteidigung ist. Auch hierfür gibt es Parallelen im Tierreich: Viele Tiere werden nur aggressiv, wenn man die zur Flucht notwendige Distanz durchbricht, und das Tier sich unmittelbar bedroht fühlt. Dann geht es zum Angriff über.

Die Unfähigkeit, mit affektiven Reaktionen umzugehen, schafft Spannungsfelder in der Welt und verhindert damit auf politischer, staatlicher Ebene eine Versachlichung ebenso wie in der Familie oder Partnerschaft. Es gibt verschiedene Möglichkeiten, sich dem Umgang mit Aggressionen zu widmen und die damit verursachten

Disharmonien und Schwierigkeiten im Zusammenleben anzugehen. Immer kann nur der Einzelfall mit den gegebenen ethisch-sozialen Kriterien gesehen werden. Ein sicherer Weg ist der Abbau von aggressionsfördernden Bedingungen in der Umwelt.

Psychologisch gesehen bedeutet das auch die Verminderung von Frustration. Wenn wir die Berufs- und Arbeitswelt, in der ein riesiger Zeitanteil unseres Lebens abläuft, daraufhin betrachten, bietet sich hier ein breites Feld möglicher Vermeidung von affektivem Stau. Im geschäftlichen Zusammenleben und in der gemeinsamen Arbeit entwickelt sich durch das „Rädchen-sein-Erlebnis" viel Frust. Nichtbeachtung als Person und entwürdigende Abwertung zum Objekt, über das ebenso wie über die Materie verfügt wird, gehören hierzu. Es geht nicht allein darum, daß bis hinauf in die Chefetagen der einzelne nicht nur wenig Beachtung, sondern auch kaum Anerkennung findet. In Deutschland sorgen die Gewerkschaften dafür, daß im Spannungsfeld zwischen Arbeitnehmern und Arbeitgebern sich keine konstruktiven Veränderungen abzeichnen. Die hier waltende grundsätzliche aggressive Stimmung und Verstimmung verhärtet die Gemüter, und der Verlust der Wir-Beziehung ist durch erkämpfte höhere Einkommen oder Urlaubstage viel zu teuer bezahlt. Auch bei Führungskräften geht Elan und Kreativität verloren, sofern das Funktionieren durch Arbeitsleistung allein und ohne den Menschen, der dazugehört, gesehen wird. Wenn elementare Bedürfnisse mißachtet werden, wird die Basis geschaffen zu Abwehr- und Angriffsverhalten. Werden die sich bildenden Aggressionen verdrängt und finden keine Lösung, reduzieren sie die Gesamtpersönlichkeit und wirken krankmachend.

*Eine andere Situation, die aggressive Reaktionen hervor-
rufen kann, ist die Überforderung. Herr Z. hatte sich um
eine Stelle beworben, für die er zu wenig an Ausbildung
und Berufserfahrung mitbrachte. Er bekam diesen Arbeitsplatz, geriet aber in größte Schwierigkeiten. Auch
durch Fleiß konnte er seine Mängel nicht verdecken. Er
wurde reizbar, autoritär und aggressiv. Dies wirkte sich in
seiner Familie und Ehe noch heftiger aus als am Arbeitsplatz. Nicht weil er täglich Überstunden machte, wurde
sein Zusammenbruch eingeleitet. Sein innerstes Erkennen war eindeutig. Er wußte, daß er des Geldes und Pre-
stiges wegen etwas angestrebt hatte, dem er nicht gewachsen war, dies aber sich und anderen nicht eingestehen
wollte. Seine Aggressivität war der unbewußte Versuch,
alle eventuell auf ihn zukommenden Situationen und Eingeständnisse von vornherein abzuwehren. Er verlor dadurch nicht nur Kooperationsbereitschaft bei den anderen und Kontakte, wurde nicht nur seiner Unfähigkeit
wegen abgelehnt. Auch als Mensch mochte ihn niemand.*

Kinder, die im Unterricht nicht mitkommen, da sie auf
einer Schule sind, die ihren Fähigkeiten nicht entspricht,
oder auch noch nicht die entsprechende Schulreife entwickelt haben, reagieren auf die damit verbundenen Frustrationen und Ängste häufig mit aggressivem, stören-
dem Verhalten. Dies kann in der Schule oder auch im
privaten Bereich ausgelebt werden. Überall wo Lei-
stungsforderungen gestellt werden, für die fachlich,
menschlich und zeitlich nicht die notwendigen Voraussetzungen gegeben sind, entwickelt sich für den Betroffenen eine psychische Spannungssituation. Dies gilt auch
für überforderte Mütter. Hinter dem, was meist als Ner-
vosität und Reizbarkeit, an Überreaktionen und inad-
äquater Beantwortung von Situationen abläuft, stehen

affektive Stauungen, die immer mehr Konflikte und Belastungen heraufbeschwören. „Immer wünschte ich mir einen langwierigen Beinbruch und Krankenhausaufenthalt meines Mannes, damit unser kleines Geschäft ruhiger und weniger expansiv betrieben worden wäre. Damit erhoffte ich für mich und die Kinder etwas Zeit zum Leben ..." An diesem Beispiel ist klar zu sehen, wie rasch Aggressivität zur Destruktion übergeht. Diese überlastete und in ihrem Lebensstil vergewaltigte Frau, die ein Leben gegen ihre eigene Überzeugung auf sich nahm, lebte mit einer ihr wesensfremden Wertskala.

Neue Sichtweisen und Bewertungen, veränderte Einstellungen einer Sache oder einem Vorgang gegenüber verändern auch das aggressive Potential. Die erwähnte Frau vermochte nicht nach außen zu explodieren. Ihre über Jahre hin sich verstärkende und mühselig im Zaum gehaltene affektive Spannung führte zur körperlichen Erkrankung und langewährendem Ausfall in Familie und Berufstätigkeit. Es wurde kein Weg der Lösung gefunden. Die zersetzende, negative Reaktionsweise richtete sich zwar gegen die eigene Person, die sich selbst für falsch gelebtes Leben bestrafte. Aber natürlich wurde damit auch der verursachende Partner getroffen, der in seinem Mangel an Einsichtsfähigkeit nun von nackten Tatsachen her lernen mußte.

An diesem Beispiel sehen wir, wie gewaltig die Auswirkungen sind, wenn ein schwaches Selbstwertgefühl und Angst in lebensfeindliche Haltungen führen. Wer in sich selbst gefestigt ist, wird weniger verführt werden zu Wesensfremdem. Er wird aber auch Mißerfolge oder Provokationen weniger ernst nehmen und ist ganz allgemein weniger verletzlich. Wenn ein gewisses Maß an Selbstwertgefühl und damit verbunden Selbstsicherheit erreicht ist, muß keine besondere Angriffsbereitschaft entwickelt werden. „Sobald meine Chefin schlechte Laune hat, berührt mich das nicht mehr. Ich weiß, daß das ihr Problem ist. Ich lasse mich nicht mehr provozieren. Sie merkt dies ganz deutlich und verändert ihr Verhalten." Um mit dem Ansturm von Ärger und Wut richtig umgehen zu können, ist die erste Voraussetzung, diese Gefühle erst einmal wahrzunehmen und sie sich selbst einzugestehen. Besonders wenn man auf sich selbst wütend ist, weil man etwas vermasselt hat, etwas daneben gegangen ist, sollten wir den Ärger und den entstandenen Frust zulassen. Es ist gut, wenn man mit sich selbst reden kann: „Ich habe wirklich Anlaß, mich zu ärgern. Und erst recht darum, weil ich selbst die Sache verpatzt habe. Aber das ist nun mal geschehen. Daß etwas schiefgeht, kommt wohl jedem mal vor ... Jetzt will ich sehen, wie ich die Sache wieder hinbekomme." Durch solche Gedanken und Zwiegespräche wird mein Verärgertsein zum Anlaß für Umdenken, für neue Handlungen und Ideen. Wenn man sich in einer solchen Situation nur mit Selbstvorwürfen quält und eitle Empfindlichkeit pflegt, wird zuäsätzlich das Gefühl der Ohnmacht und meist unangebrachter Selbstentwertung hervorgerufen, was die vorhandene spannungsgeladene Situation noch verschärft und schwächt.

In unserer Umgangssprache gibt es viele Redewendungen, die sich auf solche Gefühle beziehen: Vor Wut platzen, Luft ablassen, Ärger in sich hineinfressen, Zornausbruch. Es wurde schon angedeutet, daß Affekte von Ärger, Wut und Zorn auch im Körper Symptome auslösen. Es fällt auf, daß Menschen mit Bluthochdruck ohne organische Ursache und klärende Physiologie häufig jahrelang, oft schon in der Kindheit, unterdrückt wurden, d. h. affektiver Dauerspannung ausgesetzt waren, ohne befreiende Lösungen zu finden. Je nach der Disposition können natürlich mehr oder weniger alle Organe zur Agitation des verschluckten Ärgers in Frage kommen. Psychisch kann nicht verarbeiteter Gram zu Depressionen, Lähmung von Aktivität und Kreativität führen und ganz allgemein die Widerstandsfähigkeit herabsetzen. Jedoch ist auch eine gegenteilige Reaktion möglich: Spannungen können auch in Überaktivität, Hektik und Unruhe bis hin zur Schlaflosigkeit umschlagen.

Wichtig ist, Lösungen zu finden und alternative Verhaltensweisen zu fördern, damit unsere eigenen Gefühle und all das, was uns selbst angeht, von andern nicht übergangen werden kann. Hierzu gehört vorrangig sich darin zu üben, die eigenen Empfindungen, unsere persönlichen Erwartungen oder Wünsche andern mitzuteilen. „Ich habe gar nicht gewußt, daß dich das so sehr verletzt. Warum hast du das nie zum Ausdruck gebracht? Ich habe manchmal nicht verstanden, warum du beleidigt bist und habe es als Launenhaftigkeit verstanden." Der andere kommt aus anderen Lebensgewohnheiten, die für ihn selbstverständlich sind, wenn er nicht klar und deutlich gesagt bekommt, was als Reaktion Ärger bringt, weil wir uns verletzt oder erniedrigt fühlen. Wenn ich meinem Freund, meiner Freundin oder meinem Geschäftskollegen mitteile, warum ich verstimmt oder wütend bin, ist dies der erste Schritt, für den entstandenen Druck und die Bedrückung ein gesundes Ventil zu schaffen. Ich muß nicht alles unerlöst weiter mit mir herumtragen. Außerdem kann ich dadurch auch das Verhalten der andern für die Zukunft ändern, wenn sie klargemacht bekommen, was ihr Verhalten auslöst. Oft ist es so, daß auch dem, der unbedacht Kränkung verursacht, neue Wege zu finden möglich wird durch den Anstoß einer offenen Mitteilung. Dabei dürfen wir uns nicht abspeisen lassen mit

„Das habe ich doch nicht so gemeint ..." oder „Mein Gott, bist du empfindlich ..." Der andere soll dann lernen, sich unmißverständlich auszudrücken und es eben so sagen, wie es gemeint ist. Auch mit der Empfindlichkeit ist es nicht einfach, abzuwägen und Maßstäbe zu finden. Dabei ist manchmal hilfreich, mit guten Freunden und Vertrauten darüber zu sprechen. „Mein Freund hat gesagt, ich sei empfindlich, wenn ich es ihm übel nehme, daß er mir häufig ins Wort fällt und meine Aussagen schlichtweg übergeht." Eine offene Aussprache bei einer Freundin hat bestätigt, daß das dominierende Verhalten des Freundes auch anderen unangenehm auffiel. Trotzdem war die Reaktion der sich ausgetrickst fühlenden jungen Frau unzulänglich. Sie hatte sich nie wirklich und deutlich zur Wehr gesetzt, sondern unter vier Augen nur Andeutungen gemacht. Es fehlte ihr an Mut und Standvermögen, in der aktuellen Situation und auch vor den anderen sich deutlich zu äußern. Ein offenes Wort bringt oft viel in Gang, vor allem, wenn es in der Aktualsituation gesagt wird, wie z. B.: „Merkst du eigentlich nicht, daß du mich nie ausreden läßt und mir dauernd ins Wort fällst?" Hier genügt die Tatsachenschilderung. Eine emotionale Bewertung ist zunächst nicht notwendig. Wer die Angelegenheit schlicht und sachlich darbringt, kann zunächst abwarten, was daraus wird. Als nächster Schritt käme dann die Mitteilung meines Gefühls, etwa: „... Es verletzt mich, wenn ich nichts zu sagen habe, und du mir das Wort abschneidest." Klare Mitteilung und deutliches Zum-Ausdruck-Bringen lassen nicht so leicht Aggressionen entstehen und ermöglichen darum Sachlichkeit, ohne den anderen verletzen zu müssen. Ganz andere Verlaufsformen und Reaktionsketten entstehen, wenn mit Aggressionen ein anstehendes Problem angegangen wird. „Hast du zu Hause nicht gelernt, daß man den andern ausreden läßt? Weißt du nicht, daß dies ein ungehobeltes Verhalten ist?" Mit solchen und ähnlichen Stichverletzungen wird auch beim anderen Aggression provoziert, und man hilft ihm nicht, über das eigene Verhalten nachzudenken. Aggressivität läßt auch den Angegriffenen zur Gegenwehr und oft unsachlicher Verteidigung übergehen.

Konstruktive, um Versachlichung bemühte Konfliktgespräche sind wichtige Hilfen, um Verhalten zu ändern und zu vermeiden, daß weiteres Fehlverhalten ausgelöst wird. Indem man seinen Ärger, seine Wut, seinen Kummer in adäquater Weise deutlich zum Ausdruck bringt, wird der erste Schritt zur Verarbeitung und Bewältigung getan. Dabei geht es auch darum, sich anderen gegenüber selbst zu behaupten und zu seinem eigenen Sein zu stehen. Wer sich allzu leicht und allzu häufig unterordnet, zurücknimmt oder die eigene Schwäche erlebt, fördert damit in doppelter Weise die Entstehung von Aggressionen. Dies geschieht durch die erlebte Frustration. Wer zuviel vom anderen hinnimmt, „sich bieten läßt" ohne gesunde Gegenreaktion, gibt dem anderen die Möglickheit, ungehemmt aggressiv zu sein. Damit beginnt ein verhängnisvoller Kreislauf: Einer läßt dem anderen zuviel zu, was diesen zur Fortsetzung seiner verletzenden Art ermuntert. Der in der Angriffsfähigkeit gehemmte Mensch erlebt seine Wehrunfähigkeit als Versagen und wertet sich zunehmend selbst ab. Es entsteht ein gegenseitiges Steigern von Fehlverhaltungen.

Aggressionen können sich auch gegen die eigene Person richten, wenn sie aus falscher Anpassung oder vermeintlichen gesellschaftlichen Forderungen unterdrückt und verdrängt werden. Dies kann zu Selbsthaß, Selbstschädigung bis hin zum Masochismus und Selbstmord reichen, denn er ist die Aggression gegen sich selbst in letzter Konsequenz. In unserem Jahrhundert und Kulturkreis ist das Leben und der Alltag für die allermeisten kompliziert geworden. Fast an jedem Arbeitsplatz werden hohe Anforderungen gestellt. Die fortwährende visuelle und akustische Reizüberflutung ist in ihrer Belastung und Auswirkung noch wenig bekannt. Auch die dichte Besiedelung in unserem Land und zusätzlich die Addition von toxischen Belastungen bringen es mit sich, daß leib-seelische Spannungen und Aggressionen weit verbreitet sind. Hinzu kommt, daß die Menschen in unserem Jahrhundert trotz dem Aufkommen der Psychologie und Psychologen noch wenig gehört und erfahren haben, wie man psychischem Druck, Energiestauungen und Aggressionen begegnen kann. Die Wahrnehmung der Rechte des Körpers in Form von bewußterer Ernährung, vorsichtigem Umgang mit Medikamenten, leiblicher Hygiene und vor allem die Zuwendung durch Bewegung und Sport wird schon von vielen realisiert. Ganz am Anfang stehen wir jedoch in der Fürsorge und Zuwendung im Hinblick auf die Psyche.

Für uns alle ist für den Abbau von Spannungen und Aggressionspotential folgendes wichtig: Auch über den Körper eingeleitete Lockerung und Lösung in Form von Bewegung ist immer hilfreich, selbst dann, wenn keine Aktualsituation dazu Anlaß gibt. Darum gilt: frei zu gestaltendes Tanzen, Bewegung nach Musik und eigenem Ausdruck, manche Sportarten und Jogging unterstützen die leib-seelische Balance, sofern dies ohne Leistungsanspruch und Streß vollzogen wird. Auch mit den Händen etwas arbeiten oder zu gestalten und konkretes Tun hilft uns, lösenden Abstand zu finden, auch um offen zu werden für Bereiche jenseits unserer Aggression. Es gibt auch emotionale Ventile, die zu öffnen sind und hilfreich werden. „Wenn ich von einer Verhandlung nach Hause fahre, die mir viel Negatives vor Augen geführt hat und mich sehr unbefriedigt ließ, weil ich nicht in der Lage war, mich sinnvoll einzubringen, aufbauende Vorschläge zu machen, dann zwinge ich mich im Auto, laut zu singen oder zu pfeifen. Ganz bewußt und entschlossen will ich mich von meinem Unbefriedigtsein und Ärger distanzieren. ‚Ich will einen guten Feierabend haben ... ich will einen guten Feierabend haben ...‘ sage ich dann monoton vor mich hin. Dabei werde ich an die Gebetsmühlen in Tibet erinnert, die nicht ohne Wirkung sind, weil sie über die ständige Wiederholung direkt ins Unbewußte treffen."

Auch Malen aus dem Unbewußten leitet heilsame Verarbeitungsprozesse ein. Herr E. malte die schwerwiegende Geschwisterproblematik mit seinem Bruder. Wie in Trance stand er plötzlich auf, war mit geschlossenen Augen völlig in sich versunken und trat auf dem Bild hin und her. Einige in dieser Malgruppe haben diesen Vorgang und was dabei psychisch ablief voll miterlebt und mitgetragen. Dann ging Herr E. ans Waschbecken und zündete das Bruder-Kampfbild an. Nachdem Wut und Zorn, Verletztheit und Schmerz im Bild symbolisch zum Ausdruck gebracht und nochmals ins Bewußtsein getreten waren, zertrat er den bisher gehaßten Bruder. Damit war nicht der heutige erwachsene Bruder gemeint, vielmehr der von damals, der ihm das Leben schwer belastete. Die Verbrennung ist das Verwandeln von Energien, Umsetzung in veränderte Seinsformen. Wenn ein Problem bewußt aufgegriffen in Gang gesetzt wird, bedeutet das Feuer die Freisetzung von Energien und damit die Möglichkeit zu neuen Gestaltungen.

Die Unfähigkeit zur Aggression ist eine vitale Störung, die sich auf die Gesamtpersönlichkeit und deren Leben in allen Bereichen auswirkt. Zur Lebensbewältigung und zum notwendigen Selbstschutz brauchen wir die Fähigkeit, aggressiv reagieren zu können. Der Wehrunfähige wird zum Pick-Huhn in seiner Umwelt und erleidet dadurch schwere Schäden. Es ist darum für die Entwicklung von Kindern und Jugendlichen von großem Gewicht, aggressiv sein zu dürfen; Wut, Ärger und Verteidigungsbedürfnis lösen Affekte aus, die nicht tabuisiert oder als böse zu erklären sind. Wir würden damit dem werdenden Wesen elementare menschliche Reaktionen und seelische Kräfte zerstören. Kinder müssen sich wehren dürfen, auch gegenüber Erwachsenen. Wir können dabei helfen, indem wir die innere Empörung, den Affekt akzeptieren und sogar unser Verstehen kundtun. „Natürlich hat dich das geärgert und verletzt. Das verstehe ich gut. Aber darum mußt du doch nicht dein Bilderbuch zerreißen. Das ist schade. Komm, wir malen jetzt einen bösen Geist, so einen richtig wüsten Kerl. Den verhauen wir dann, spucken ihn an und zerreißen ihn." Solches Tun und Aufarbeiten der Erregung verhütet, daß Kinder, die als Anfänger in der Welt sich häufig unterlegen, schwach und ohnmächtig erleben, sich nicht ausweglos verletzt, im wahrsten Sinne des Wortes ohn-mächtig fühlen müssen. In der Kindheit und oft auch bis ins Grundschulalter hinein besteht viel Sinn für symbolische Befreiungen als Handlung bewußter Distanzierung. Wer Ärger unterdrückt, wird geschwächt, wer sich davon befreit, gestärkt. „Gerdi hat mich heute geplagt und war richtig frech zu mir. Ich heiße sie jetzt alles, was mir nur einfällt ... und dann soll sie der Teufel holen ..." So lautete die Antwort, als ein Vater fragte, warum jetzt nach der Schule eine Schimpfkanonade losgelassen wurde. Es ist auch ganz gut, wenn Gerdi nach dem Ausbruch von Wut dann der Teufel holen soll. Das Böse soll zum Bösen, wo es hingehört. Es ist ein Befreiungswunsch. Viele Erwachsene, die sich ähnlich verhalten und sich mit einer Flut von häßlichen Ausdrücken und Heftigkeiten einiges von der Seele reden, wollen sich Erleichterung verschaffen. Dagegen ist nur dann etwas einzuwenden, wenn den Menschen, die gegenwärtig sind bei solchen Ergüssen, nicht mitgeteilt wird, um was es geht, nämlich um die Befreiung von oft auch sehr berechtigtem Ärger. Schlimm wird der Ablauf nur, wenn solches Agieren den andern betroffen machen oder gar ängstigen muß, weil er nicht ahnen kann, ob er nun zur Zielscheibe irgendeiner Wut gemacht wird. „Papi ist beim Holzhacken im Keller und brüllt herum, weil er im Geschäft so viel Ärger gehabt hat ..." Hier lief viel verständnisvolles und bewußt vollzogenes Miteinandersein ab.

Daß zur Lebensbewältigung und zum gesunden Menschen Wehr-, Angriffs- und damit Aggressionsfähigkeit notwendig sind, bedarf nicht großen Nachdenkens. In welch verschiedener Weise jedoch aggressives Verhalten bei Mann und Frau bewertet werden, stimmt nachdenklich. Aggression im Sinne von Selbstverteidigung und Angriffslust werden bei einem Mann vorausgesetzt. Mangelt ihm dies, wird ihm Männlichkeit abgesprochen im Sinne deutlicher Entwertung. Schon in der Erziehung bei Jungen und Mädchen sind große Unterschiede zu beobachten in dem, was an Aggressionslust toleriert, bzw. positiv oder negativ bewertet wird. Das Vorurteil rollenprägender Wirkung beginnt schon früh. Neuere Beobachtungen von Säuglingen zeigen, daß Jungen Schreien und Heftigkeit viel selbstverständlicher zugestanden werden als gleichaltrigen Mädchen.

Starke Frauen mit der Fähigkeit, zu sich selbst zu stehen, die sich nicht hinter Männern verstecken müssen, werden immer noch allzu schnell als vermännlicht und unweiblich beurteilt. Es war immer schon die Methode angewandt worden, das, was gefürchtet wird, Probleme bringen könnte, einfach zu entwerten, zu verurteilen, um sich einer echten Auseinandersetzung zu entziehen. Es ist nicht wahr, daß selbstbewußte Frauen schwache Männer brauchen. Vielmehr ist zu beobachten, daß wenig Männer die Stärke aufbringen, sich mit ebenbürtigen Frauen zu befassen. Es werden Partnerinnen gesucht, die männlichen Überlegenheitsbedürfnissen nicht entgegenwirken, und sei es nur aus kluger Zurückhaltung. Immer mehr Frauen spielen solches Rollenverhalten nicht mehr mit, und immer mehr Männer entziehen sich Männlichkeitsforderungen und Rollenspielen, die verhindern, aneinander zu wachsen und zu reifen.

Aus diesen Veränderungen, die sich in Frau und Mann vollziehen, baut sich die Erwartung eines aggrsesiven Potentials an den Mann ab. Damit sind Männer in der Lage, ihre eigene, bisher verborgen gehaltene Weichheit und Emotionalität zu leben und für sich selbst wie auch für die anderen menschlicher zu werden. Behutsamkeit, Sanftmut, Sensibilität und Einfühlsamkeit müssen nicht mehr an die Frauen delegiert werden. Sie aber werden davon befreit, Projektionsträger für Männer zu sein, wie auch Männer davon erlöst werden, Projektionen von Frauen zu übernehmen. Damit kann auch der weibliche Mensch in sich selbst kraftvolle, männliche Züge entwikkeln. Das Weibchen wird zum ganzen Menschen.